아세안 슈퍼앱 전쟁

디 지 털 경 제 의 판 을 흔 드 는 거 대 한 시 장

아세안 슈퍼앱 전쟁

고영경 지음

page2

아세안의 슈퍼앱들이 인구 6억 7000만의 거대 시장을 움직이며 우리의 인식을 뛰어넘는 변화의 물결을 일으키고 있다. 고객과 유통이 하나의 플랫폼에서 만나는 디지털 전환의 시대에 이들은 철저한 고객 중심의 초현지화 전략으로 일상 속 초연결을 실현한다. 아세안 디지털 경제의 미래를 눈여겨보고자 하는 이들에게 날카로운 통찰을 전하는 책이다.

＿ 서경배 (아모레퍼시픽 회장)

직업상 콘텐츠가 좋은 분들을 자주 만나지만 고영경 교수는 특별하다. 콘텐츠도 좋을뿐더러 그 열정이 대단하다. 짧지 않은 기간 동남아의 중심지 쿠알라룸프르에서 학생들을 가르친 분이어서인지 만날 때마다 코스모폴리탄이란 단어를 절로 떠올리게 된다. 이 책에는 고영경 교수만의 넓은 시각과 열정이 그대로 담겨 있다. 코로나19가 우리의 동선을 제약하는 이때, 이 책과 함께 여러분의 지경도 넓혀보기를 권한다.

＿ 김동환(김프로) (「삼프로TV」 진행자)

아세안의 슈퍼앱인 그랩, 고투그룹, SEA 등에 대한 이해 없이는 디지털 전환 시대 동남아 비즈니스의 급속한 변화를 읽을 수 없다. 고영경 교수는 이 분야 최고 전문가답게 지난 10여 년간 현지에서의 집중적인 연구와 체험을 바탕으로 포스트 팬데믹 시대 동남아의 새로운 기회에 대한 예리한 분석과 혜안을 명쾌하게 제시한다.

__ **김영선** (전 인도네시아 대사, 전 한-아세안센터 사무총장)

아시아의 시대, 아세안 시장의 중요성과 변화를 이해하려면 리딩 스타트업의 혁신 성장을 살펴야 한다. 오랜 현지 연구 경험을 바탕으로 디지털 전환을 이끈 슈퍼앱들의 사례를 자세히 담은 이 책이 아세안 진출 기업들에게 인사이트와 새로운 지평을 열어줄 것이다.

__ **박영렬** (연세대학교 교수, 한국경영학회장)

오랫동안 동남아 주요 국가에 대해 연구하고 대학에서 학생들과 뜨겁게 토론하며 직접 현장에서 경험해온 고영경 박사의 『아세안 슈퍼앱 전쟁』 출간을 진심으로 축하한다. 미래 먹거리 시장인 동남아 시장의 이커머스, 물류, 컨텐츠 사업 중심으로 거대 기업이 탄생하는 과정은 향후 진출 기업들의 이정표가 될 수 있으리라 확신한다.

__ **이강현** (현대자동차 인도네시아 COO)

『아세안 슈퍼앱 전쟁』은 우리보다 뒤처진 줄만 알고 있던 동남아 아세안 국가들이 어떻게 빠르게 디지털 경제로 점프하고 있는지 혁신 현장을 생생하게 전해주는 책이다. 그랩, 고젝, SEA, 잘로 등이 글로벌 IT 공룡들을 제치고 동남아를 지배하는 플랫폼 회사로 성장해나가는 모습을 접할 수 있다. 인구 6억 7000만 명이 있는 거대한 아세안 시장에 관심을 가지고 있는 분들에게 필독서로 추천한다.

___ **임정욱** (TBT 공동대표)

디지털 시대에 아세안의 그들이 무섭게 변하고 있다. 이 책에는 오랜 아세안 연구 활동을 한 저자의 지혜와 통찰이 담겨 있을 뿐 아니라 누구나 흥미롭게 읽고 유익하게 얻을 수 있는 정보로 가득하다.

___ **류성춘** (미래에셋증권 부사장)

동남아의 대표적인 슈퍼앱 기업들과 시장에 대한 고영경 박사의 경영학적 통찰과 인문학적 직관을 고스란히 느낄 수 있다. 통계나 숫자, 또는 언론 기사에서 보이는 것들 이상의 맥락적 이해를 갖게 해준다.

___ **김우형** (아이온자산운용 대표)

맞다. 2010년대 중반부터 동남아 출장이 편해졌다. 20세기 후반부터 줄

곧 유망주로 간주되던 이 지역이 슈퍼앱(혹은 빅테크)으로 훌쩍 올라오
는 현실을 꼼꼼히 짚어주는 아세안 전문가의 체험과 통찰로 가득한 책
이다.

__ **이승규** (스마트스터디 부사장)

아세안에서의 10년,
변화의 바람을 경험하다

베트남 호치민으로 출장을 떠났을 때 시간을 내 지인과 저녁 약속을 했다. 그랩앱을 열어 식당까지 데려다줄 차를 호출했다. 영어로 번역된 메시지가 뜨기 때문에 베트남어를 할 줄 몰라도 아무 문제가 없었다. 다음 날 일정을 마치고 호치민 공항으로 이동할 때에도 그랩앱을 이용했다.

말레이시아 쿠알라룸푸르에 도착해서도 바로 그랩카를 예약했다. 픽업 장소는 6번 게이트. 미리 등록해둔 주소를 클릭해 목적지로 설정하고, 그랩리워드를 써 요금 20링깃(말레이시아의 화폐 단위, 기호는 MR)을 줄였다. 공항 안에서 기다렸다가 그랩카가 곧 도착한다는 알림이 울렸을 때 공항 문을 나섰다. 그러지 않았다면 후덥지근한 날씨에 금세 땀범벅이 되었을 것이다. 그랩카 기사는 친절하게 짐을 실어주고 에어컨 온도가 괜찮은지 물어보았다. 차비는 이미 그랩페이로 결제했기에 목적지에 도착해서는 짐만 챙겨 내렸다. 그랩앱을 확인해보니 그랩리워드 포인트가 조금 더 쌓여 있었다. 출출한데 피곤하고 귀찮을 때는 역시 배달 음식이 제격이다. 그랩앱을 열어 그랩푸드로 음식을 주문해 먹었다.

내가 말레이시아의 한 대학에 조교수로 부임할 때만 해도 이런 경험은 상상도 하지 못했다. 쿠알라룸푸르는 멋들어진 대도시였지만, 택시를 이용하려면 전화로 예약해야 했고, 바가지요금으로 종종 실랑이를 벌여야 했다. 택시앱은 기사를 찾지 못하거나 서비스 지역이 아니라는 등 제 기능을 하지 못했다. 자카르타의 교통 체증에 비행기를 놓친 적도 있고, 호치민에서는 목적지를 찾지 못한 택시 기사가 나를 외곽 지역에 버리고 간 적도 있다. 밤 12시 즈음에는 체크카드 결제 장애가 발생해 계산대 앞에서 당황했던 기억도 있다.

그러나 얼마 지나지 않아 변화의 바람이 동남아시아(이하 '동남아') 전역을 바꾸어놓았다. 디지털 세상의 편리함과 안정성을 경험한 사람들은 과거로 되돌아갈 수 없었다. 모두가 모바일 기반의 새로운 서비스를 거부감 없이 받아들였다. 생활 속에 '혁신'이 파고들었다. 그것도 매우 구체적이고 실질적인 방식으로.

동남아가 모바일 퍼스트로의 도약을 감행하는 동안 한국에서는 많은 사람이 불편을 겪었다. 카카오택시가 등장하기 전까지 한국의 택시는 목적지에 정확하게 내려주지 않는 일이 많았고, 오히려 손님에게 길을 물어보는 기사도 있었다. 가까운 거리를 가려면 눈치를 봐야 했고, 외곽 지역으로 가려면 기사님의 허락이 필요했다. 우버와 타다, 럭시가 등장했다가 사라지면서 그나마 있던 선택지도 줄어들었다. 모두를 혼란에 빠뜨리는 공인인증서를 해외에서도 매년 갱신해야 했고, 은행 사이트를 방문할 때마다 컴퓨터에 무수히 많은 보안 프로그램을 깔아야 했다.

한국인이 가장 많이 찾는 관광지는 바로 동남아다. 매년 수많은 사람이 베트남과 인도네시아, 싱가포르로 여행 혹은 출장을 떠난다. 하지만 많은 한국인이 동남아는 소득 수준이 낮은 나라, 선진국에 비해 많이 뒤처져 있는 나라라는 인식을 갖고 있다. 1인당 GDP가 6만 달러 이상인 싱가포르조차 잘사는 나라인지 모르는 사람이 많으니, 동남아에서 새로운 혁신 기업들이 어떤 변화를 일으키고 있는지 체감하기 어려울 것이다. 동남아는 한국의 교역 대상국 2위이고, 해외 투자에서도 3위를 차지하고 있다. 모바일 퍼스트의 디지털 전환이 급속하게 진행되고 있는 곳 역시 동남아다.

한국에서 아세안의 변화 물결에 대한 관심은 주식시장에서 비롯되었다. 아마존과 텐센트를 합쳐놓은 듯한 빅테크 기업 SEA(종목코드 SE)가 미국 주식시장에서 FAANG(페이스북, 아마존, 애플, 넷플릭스, 구글)보다 높은 주가 상승률을 보였기 때문이다. 많은 사람이 SEA가 어떤 기업인지, 이와 유사한 기업은 없는지, 베트남의 카카오는 누구인지 관심을 갖기 시작했다. 하지만 동남아 기업에 대한 넘쳐나는 정보 중에 정확하지 않은 것이 너무나 많다. 시장 환경과 기업의 성장 배경을 모르다 보니 아무 말 대잔치가 되는 것이다.

우리는 이미 중국의 알리바바와 텐센트, 디디추싱 등 테크 기업들의 탄생과 성장 과정을 지켜보았다. 한국의 카카오, 네이버, 쿠팡, 배달의 민족, 당근마켓, 토스가 우리의 일상생활에 깊숙이 들어오더니 하루가 다르게 덩치가 커지고 있다. 바람 아래의 땅 동남아의 네카쿠배당토(네이버, 카카오, 쿠팡, 배달의 민족, 당근마켓, 토스) 혹은 동남아의 텐센트와 알리페이는 누구인지 이 책을 통해 차근차근 소개하려 한다. 그리고 그들이 만들어갈 미래는 어떠할지 이야기해보려 한다. 동남아의 현재와 미래에 관심이 있는 사람들에게 이 책이 조금이나마 도움이 되었으면 하는 바람이다.

고영경

차례

Part 3. 슈퍼앱 2부: 메신저에서 슈퍼앱으로

Part 4. 아세안 슈퍼앱 전쟁

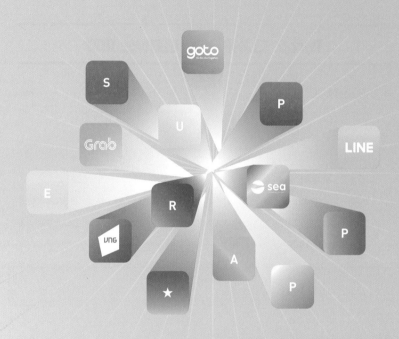

PART 1

아시아의 시대,
동남아 슈퍼앱이 온다

매일 아침 사람들의 주목을 끄는 뉴스 가운데서는 미국과 중국이 차지하는 비중이 상당하다. 미국의 실업률 발표나 연방준비제도Fed가 언제 테이퍼링Tapering(양적완화 규모의 점진적 축소)을 시작할지, 중국의 수출 실적과 정책 변화에 한국 주식시장과 글로벌 자본시장이 민감하게 반응하기 때문이다. G2라고 불리는 미국과 중국이 글로벌 경제에 미치는 영향은 물론 지대하지만, 개인이든 기업이든 투자와 성장의 기회가 반드시 이 두 국가와 특정 지역에만 존재하는 것은 아니다. 오히려 거대한 변화의 흐름은 아시아를 향하고 있다.

아시아의 시대가 이미 시작되었다고 하지만, 한국에서는 중국과 일본 이외에 '아시아 전체'에서 일어나는 변화 혹은 소식의 경제적 의미가 제대로 해석되지 못하고 있다. 현대자동차의 생산 차질을 빚는 반도체 공급 부족과 삼성전자 스마트폰의 생산 차질은 각각 말레이시아와 베트남의 코로나19 확산 봉쇄 조치와 관련이 있다. 한국의 카카오톡은 자리를 잡지 못하고 철수했고, 배달의 민족이 진출했지만 아직 고전 중이다. 네이버가 동남아 미디어 기업에 투자하고 있지만 그 전략적 의미는 정확히 전달되지 않는다. 글로벌 밸류체인에서 상호 연관성도 깊고 투자도 많이 이루어지지만 단편적인 정보의 나열, 그 이상을 알기 어려울뿐더러 알려고 하는 사람들도 적다.

아시아의 시대는 무엇인지, 아세안은 아시아의 시대에서 어떤 역할을 하게 될지 의문을 제기할 수도 있다. 그래서 파트 1에서는 아시아를, 그리고 동남아시아를 왜 주목해야 하는가부터 시작할 것이다. 그리고 동남아 혹은 아세안에서 혁신을 주도하는 기업들이 누구인지 언급할 것이다.

한국이나 글로벌 시장에서 혁신 성장을 주도하는 기업 혹은 트렌드 섹터에 맞는 기업이 각광을 받는 것처럼, 아세안의 혁신 성장을 대표하는 기업이 당연히 존재한다. 아세안 디지털 경제를 이끄는 주역들은 바로 그랩과 고젝, SEA, 라인, 그리고 VNG 다섯 개의 유니콘 기업, 즉 '슈퍼앱 5'이다. 이들은 동남아 지역 사람들의 일상생활에 가장 밀착된 서비스를 '편리하게' 그리고 1개의 아이디로 여러 서비스와 기능을 필요한 대로 쓸 수 있게 만들었다. 그래서 이들을 단순한 플랫폼을 넘어 '슈퍼앱'이라 부른다. 한국에서도 슈퍼앱이라는 단어가 자주 등장하기 시작했는데, 카카오와 네이버를 생각하면 그 개념을 쉽게 이해할 수 있다.

'동남아에는 아직 갈 길이 먼 나라들이 있을 뿐'이라는 인식의 한계를 벗어나면 동남아 시장이 갖는 경제적 이해와 기회에 접근할 수 있는 시야가 열린다.

01 | 아시아가 주도하는 미래

컨설팅 회사 맥킨지는 아시아가 주도하는 미래를 'The Asian Century'라 명명했다. 그리고 2040년까지 아시아가 글로벌 GDP의 절반을 차지하게 될 것이며, 소비의 40%를 이끌 것이라고 내다보았다. 투자자 짐 로저스Jim Rogers는 "좋든 싫든 21세기는 분명히 아시아의 시대다"라고 확신했고, 파라그 카나Parag Khanna는 저서 『아시아가 바꿀 미래』를 통해 '19세기 유럽화, 20세기 미국화, 21세기는 아시아화'라고 주장했다. 이러한 선언적 문구가 아니더라도 글로벌 투자자들은 아시아 자본시장에 주목하고 있으며, 포스트 팬데믹 속에서 아시아가 더욱 강력하게 부상할 것이라 보고 있다.

아시아의 시대는 미래의 이야기가 아니다. 이미 우리 앞에 와 있다. 세계 인구의 절반이 아시아에 살고 있고, 전 세계 30대 대도시 중 21곳이 아시아에 있다. 아세안으로 상징되는 동남아도 아시아 시대에 중요한 글로벌 플레이어로 변모할 것이라 예상된다. OECD는 '2030년에는 세계 중산층 소비의 59%가 동남아에서 나올 것'이라 전망했고, IMF는 2023년 인도네시아가 러시아와 브라질, 영국, 프랑스를 제치고 세계 6위, 2050년에는 세계 4위의 경제 규모(PPP[구매력 평가]를 기반으로 계산한 GDP)를 갖출 것이라 내다보았다. 베트남, 필리핀 등 다른 동남아 국가들도 GDP 순위가 크게 상승할 것이라는 전망이 지배적이다. 동남아 국가들의 약진은 아세안경제공동체의 부상과 결을 같이한다.

리이매진Reimagine 아세안

우리가 흔히 부르는 동남아는 지리적 개념이고, 아세안은 동남아 지역의 10개국으로 이루어진 연합체다. 대륙부의 라오스, 미얀마, 캄보디아, 베트남, 태국, 해양부의 브루나이, 싱가포르, 인도네시아, 필리핀, 말레이시아가 아세안을 구성하고 있다. 아세안이 글로벌 경제에서 하나의 주요한 세력이자 '하나의 시장'으로 간주되기 시작한 것은 2015년 12월 아세안경제공동체가 정식으로 출범하면서부터다. 중앙은행을 가진 유럽연합에 비해서는 매우 느슨하지만 하나의 경제블록이 탄생한 것이다. 아세안 내에서 상품 이동에 관세라는 장벽이 거의 사라졌고, 사람들의 이동과 역내 투자가 급증했다. 글로벌 밸류체인의 변화와 더불어 외국인 투자도 지속적으로 증가했다. 단일 시장으로 전체 인구는 6억 7000만 명으로 중국과 인도에 이어 세계 3위다. 아세안 전체 GDP 규모는 3조 80억 달러로 세계 5위 규모다.

투자가 증가하면 경제는 활력이 더해진다. 일자리와 소득이 늘어나는 만큼 소비할 수 있는 돈도, 사람도 늘어나기 때문이다. 중산층이 두터워지면서 부동산 가격이 오르고, 자동차가 잘 팔리고, 해외여행을 떠나는 사람이 늘어났다. 그리고 누구나 한 손에 스마트폰을 쥐고 있다. 인터넷 이용자도 4억 명을 넘어섰다.

이뿐만이 아니다. 아세안 전체가 젊어졌다. 싱가포르와 말레이시

아세안 10개 회원국

아세안 10개국의 인구와 GDP

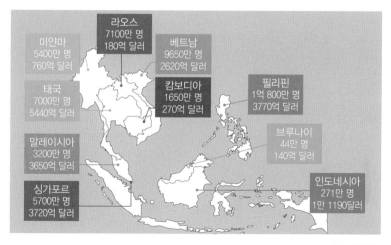

미얀마
5400만 명
760억 달러

라오스
7100만 명
180억 달러

베트남
9650만 명
2620억 달러

태국
7000만 명
5440억 달러

캄보디아
1650만 명
270억 달러

필리핀
1억 800만 명
3770억 달러

말레이시아
3200만 명
3650억 달러

브루나이
44만 명
140억 달러

싱가포르
5700만 명
3720억 달러

인도네시아
271만 명
1만 1190달러

출처: 세계은행

아세안 국가 모바일 이용률(2020년 12월 기준)

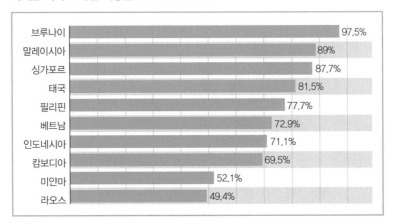

출처: 스타티스타

아는 노령화를 걱정할 단계에 진입했지만, 아세안 전체의 중위연령
은 28.9세로 40세를 훌쩍 넘는 한국, 중국, 일본, 유럽, 홍콩보다 훨
씬 낮다. 15~34세 청년이 2억 명 이상이며, 이들 밀레니얼 세대가
트렌드의 주축으로 떠오르고 있다.

모바일 퍼스트 아세안

전 하버드 비즈니스스쿨 교수이자 『디커플링』의 저자 탈레스 S.
테이셰이라Thales. S. Teixeira는 "공격적인 디커플러들이 고객의 불편한 소비 단계를 재빨리 낚아채 빠른 속도로 시장을 장악했다"라고 언급하며 디지털 파괴를 가져온 것은 기업이 아니라 소비자라고 강조했다. 시장의 변화를 가져오는 것은 결국 소비자의 선택에 달려 있다는 뜻이다. 립프로깅Leap frogging(빠른 도약)을 거쳐 아세안도 모바일 퍼스트의 시대로 접어들었다.

스마트폰을 손에 쥔 사람들이 보다 편리한 서비스를, 보다 새로운 경험을 클릭하는 세상이 열렸다. 중국이 변화한 모습을 그대로 따라가고 있다고 생각하면 쉽게 이해할 수 있을 것이다. 중국이 유선 시대에서 모바일 시대로 도약하는 과정에서 새로운 기업들이 등장했고, 중국인들의 생활을 바꾸어놓았다. 이 기업들은 빅테크로 엄청나게 성장해 미국과 홍콩 주식시장의 슈퍼스타로 떠올랐다.

아세안 모바일 유저들도 보다 편리한 서비스와 불편함을 해결해주는 솔루션을 원했고, 새롭게 등장한 스타트업들이 기회를 잡았다. 디지털 전환을 가져온 혁신적인 서비스들이 동남아 곳곳에서 생겨났다. 싱가포르, 말레이시아, 인도네시아, 베트남에서 탄생한 작은 스타트업들이 거대한 유니콘(기업가치가 10억 달러 이상인 스타트업), 데카콘(기업가치가 100억 달러 이상인 스타트업)으로 자라나 경제와 시장의 지형을 바꿔놓고 있다. 동남아인들의 일상생활에 밀착된 모든 서비스, 아침에 일어나 잠들 때까지 늘 이용할 수밖에 없는 'Must Have App'을 우리는 '슈퍼앱'이라 부른다.

'변화'는 상수常數다. 중요한 것은 변화의 '속도'다. 지금까지 당신의 머릿속에 인식되어 있던 동남아의 모습은 잊어라. 그래야 다시 생각하고 새롭게 상상할 수 있다. 정해진 미래가 아닌 변화하는 미래가 동남아 앞에 놓여 있다. 그리고 변화하는 미래를 이해하는 열쇠는 슈퍼앱이 가지고 있다. 슈퍼앱을 알지 못하면 동남아를 이해할 수도, 변화의 속도를 감지할 수도 없다.

02 | 아세안 슈퍼앱을 주목하라

동남아 대표 테크 기업 SEA의 시가총액은 2021년 8월 기준 1600억 달러, 원화로 190조 원에 달한다. 알리바바가 한때 동남아 최대 이커머스로 불린 라자다Lazada를 인수한 2016년 당시 인수 금액은 고작 10억 달러, 한화로 1조 1500억 원이었다. 한국의 대표 이커머스 쿠팡은 싱가포르 진출을 선언했고, 배달의 민족은 베트남으로 향했으며, 네이버는 동남아 투자를 계속해서 확대하고 있다. 소프트뱅크는 일찍이 동남아 테크 기업에 자금을 아낌없이 쏟아부었다. 이유는 간단하다. 디지털 경제 성장 가능성에 주목했기 때문이다. 단순히 가능성에 머물지 않고 시장이 급속도로 커지고 있어 이 영역에 몸담은 기업들의 벨류에이션은 그만큼 크게 올라갔다.

급격히 성장하는 아세안 디지털 경제

생활의 기반이 오프라인에서 온라인으로 점차 옮겨가고 있는 것
은 전 세계적인 현상이다. 코로나19는 이 전환을 가속화했을 뿐
이다. 2015년 320억 달러에 불과했던 아세안 디지털 경제 규모는
2019년 3배 넘게 증가해 1000억 달러를 찍었고, 2025년에는 다시
3배가 늘어난 3000억 달러에 달할 것으로 추정된다. 불과 2년 전만

아세안 디지털 경제 규모

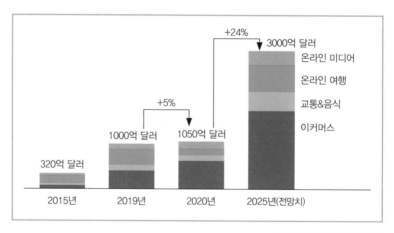

출처: 구글, 테마섹, 베인앤컴퍼니

해도 2025년 디지털 경제 규모를 2400억 달러로 예상했는데, 그 예상치를 훌쩍 뛰어넘었다. 그만큼 성장 속도가 빠르다는 의미다.

아세안 디지털 경제에서 가장 큰 비중을 차지하는 것은 이커머스다. 시장 규모는 2020년 620억 달러, 한화로 약 70조 원으로 추정된다. 한국의 이커머스 매출인 1410억 달러와 비교하면 절반에도 미치지 못하지만, 연평균 약 35% 성장세가 예상되고 있어 2025년에는 1720억 달러에 달할 것으로 보인다. 코로나19 확산으로 이커머스를 이용하는 소비자가 증가하기는 했지만, 한국이나 중국에

동남아의 시장 기회

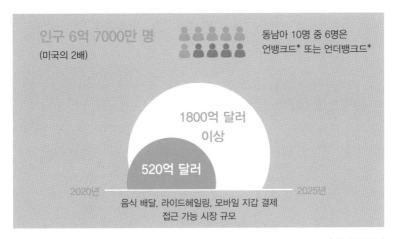

출처: 유로모니터

* 언뱅크드(unbanked): 신용이 좋지 않아 은행 계좌를 만들지 못하는 사람들
* 언더뱅크드(underbanked): 은행 계좌는 보유 중이나 신용 거래, 투자 활동, 보험 등 다른 금융 서비스를 이용할 수 없는 사람들

비하면 여전히 이용률이 낮고, 이용 빈도 수와 금액도 적다. 반면 그만큼 시장 확대 가능성이 높다고 볼 수 있으며, 이것이 이커머스 기업들이 앞다퉈 공격적인 시장 확대에 나서고 있는 이유다.

아세안 디지털 경제에서 이커머스의 뒤를 잇는 것은 라이드헤일 링Ride hailing(차량 호출)과 음식 배달 등 모빌리티와 온라인 여행, 온라인 미디어다. 2015년만 해도 이커머스가 차지하는 비중은 온라인 여행 섹터보다 적었지만, 어느 순간 급격하게 증가했다. 그만큼 소비자들의 쇼핑이 온라인으로 이동했다는 뜻이며, 2020년 팬데믹으로 더욱 가속화되었다. 이는 동남아에서만 볼 수 있는 현상이 아닌 전 세계적인 현상이다. 온라인 여행과 모빌리티 부문은 코로나19로 봉쇄 기간이 길어지면서 이용자가 크게 감소했지만 포스트 팬데믹 시기가 도래하면 다시 큰 폭으로 증가할 것으로 예상된다.

디지털 전환 초기 단계의 동남아(2020년 기준)

● 동남아　● 중국

11%　21%　온라인 음식 배달 이용률

3%　15%　라이드헤일링 이용률

17%　43%　전자결제 규모

출처: 유로모니터, 그랩

디지털 경제의 판을 흔드는
리딩 플레이어들

아세안 지역의 디지털 경제 붐을 이끈 주역은 기존 대기업들이 아닌 새로 탄생한 스타트업들이다. 2015년 유니콘은 10개가 채 되지 않았으나 2021년 8월 기준 3개의 데카콘을 포함해 무려 35개의 유니콘을 배출했다.

유니콘의 꿈을 품고 자라나는 기업도 많다. 《파이낸셜타임즈》는 매년 고성장 기업을 발표하는데, 2021년 '아시아-퍼시픽 고성장 기업' 중 1위에 선정된 싱가포르의 카로Carro를 포함해 상위 10위에 4개의 동남아 기업이 랭크되었고, 총 500개 기업 중 122개 동남아 기업이 리스트에 이름을 올렸다. 국가별로 보면 싱가포르 기업이 72개, 말레이시아와 필리핀 기업이 각각 20개, 인도네시아 기업이 7개, 베트남 기업이 3개 포함되었다. 그만큼 아세안 지역 소비자들이 온디맨드On-Demand 서비스를 많이 이용하고 있을 뿐 아니라, 경제 전반에서 '디지털 전환'이라는 변화를 빠르게 받아들이고 있다는 이야기다.

네카쿠배당토(네이버, 카카오, 쿠팡, 배달의 민족, 당근마켓, 토스)를 제쳐두고 한국 경제의 현재와 미래를 논하기 어렵듯, 아세안의 변화와 미래를 전망하기 위해 반드시 짚고 넘어가야 할 기업들이 있다. 혁신 드라이버로서 디지털 경제의 판을 만들고 미래를 변화시키

아세안 유니콘의 변화

2015년	2021년
	SEA*
	레이저(Razer)*
	트랙스(Trax)
	그랩(Grab)
	고투그룹
	(고젝&토코페디아[Gojek&Tokopedia])
	라자다(Lazada)
	팻스냅(Patsnap)
	트레블로카(Traveloka)
	부칼라팍(Bukalapak)
	레볼루션 프리크레프티드
	(Revolution Precrafted)
	VNG
가레나(Garena) (지금의 SEA) (2015년)	카로(Carro)
그랩택시(GrabTaxi) (2018년)	플래시(Flash)
라자다(Lazada)	J&T익스프레스(J&T Express)
레이저(Razer)	고페이(GoPay)
토코페디아(Tokopedia)	저스트코(JustCo)
트레블로카(Traveloka)	카썸(Carsome)
VNG	브이앤페이(VNPay)
	비고 라이브(Bigo Live)
	아크로니스(Acronis)
	하이알루트(HyalRoute)
	크레디보(핀악셀)(Kredivo-FinAccel)
	오포(Ovo)
	타우Rx 파마세티컬스(TauRx Pharmaceuticals)
	나노필름(NanoFilm)
	카루셀(carousell)
	블리블리(BliBli)
	플래쉬 익스프레스(Flash Express)
	JD 인도네시아(JD Indonesia)
	매트릭스포트(Matrixport)
	모글릭스(Moglix)

니움(Nium)
원 챔피온쉽(One Championship)
시크릿랩(Secretlab)
티켓(Ticket)
VN라이프(VNLife)
어드밴스.ai(Advance.ai)
젠딧(Xendit)

* SEA는 미국, 레이저는 홍콩 주식시장에 상장됨. 따라서 더 이상 유니콘으로 분류되지 않음.

고 있는 리딩 플레이어 슈퍼앱 오형제(슈퍼앱 5), 그랩Grab, 고젝Gojek, SEA, 라인Line, VNG가 그 주인공이다. 이들은 모두 동남아 디지털 생태계의 게임체인저가 되었다. 이들의 스케일업 과정, 필승 전략과 경쟁 지점, 발전 전략을 이해하지 못한다면 이 시장에 결코 올라탈 수 없다. 가까우면서 가장 확실한 미래의 성장 시장 아세안에서 사업 기회와 기업 투자 기회를 잡고 싶다면 이 부분을 그냥 지나치지 않길 바란다.

일상생활을 바꾼 슈퍼앱의 위력

아세안 슈퍼앱 5는 하나의 카테고리, 하나의 산업 분야로 분류하기가 매우 어렵다. 가장 먼저 유니콘으로 등극한 가레나Garena는 게임 퍼블리싱이 전문이지만 모기업 SEA 홀딩스는 게임과 더불어 이커머스, 핀테크, 음식 배달까지 갖춘 대표 테크 기업이 되었다. 그랩과 고젝은 교통 문제 솔루션을 들고 나와 성장한 스타트업으로, 모빌리티에서 시작해 지금은 음식 배달, 라스트마일Last mile(소비자와의 최종 접점) 배송, 핀테크까지 다양한 비즈니스 포트폴리오를 갖추고 있다. 라인과 잘로Zalo는 메신저를 기반으로 시작해 결제와 커머스를 담은 플랫폼으로 진화하고 있다.

다시 말해 슈퍼앱 5는 넷플릭스와 같은 한 부문의 플랫폼이 아니라 여러 서비스를 하나의 앱에서 사용할 수 있는 포털 같은 플랫폼이라 할 수 있다. 하나의 플랫폼에서 여러 서비스를 제공하는 형태는 중국의 위챗과 알리바바가 대표적인 사례다.

인터넷 게임회사로 시작한 텐센트는 2011년 1월 모바일 메신저이자 사진 공유 서비스인 위챗을 출시했다. 기존 PC용 메신저를 스마트폰용으로 출시한 것인데, 텐센트의 부총장 장샤오룽이 텐센트의 최고경영자 마화텅에게 "메신저가 모바일 시장의 미래다"라고 강력하게 주장해 이루어진 것이라고 한다. 장샤오룽이 위챗의 아버지라 불리는 이유다.

초창기 위챗은 카카오톡과 같은 일반적인 메시징앱이었다. 위챗 이용자가 증가하면서 위챗 계정이 있으면 자신의 계좌와 연결시켜 위챗페이를 통해 온오프라인 결제를 할 수 있게 만들었고, 항공권 예약 및 구매, 택시 호출, 호텔 예약, 공과금 납부, 송금 등 20개가 넘는 서비스를 이용할 수 있다. 하나의 플랫폼이지만 그 안의 다양한 미니앱을 통해 위챗에서 벗어나지 않고 일상생활을 영위할 수 있는 위챗 모바일 월드를 구축한 셈이다.

텐센트의 궁극적인 목표는 위챗을 통해 모바일 환경에서 기대할 수 있는 모든 기능을 구현하는 것이라고 한다. 위챗의 하루 활성 사용자^{DAU}는 10억 9000명에 달한다. 또한 위챗 미니 프로그램(샤오청쉬)의 연간 거래액은 전년 동기 대비 100% 이상 증가했으며, 기업용 위챗 이용자는 4억 명 이상이다. 중국 모바일 결제의 대명사인 위챗페이의 가입자 수는 2억 4000만 명, 위챗 검색搜一搜 월간 활성 사용자^{MAU}는 5억 명을 넘어섰다. 그리고 매출 효자인 미니게임小游戏은 20% 이상 성장했다.

마윈이 설립한 알리바바는 타오바오라는 오픈마켓 플레이스에서 출발했다. 전자상거래 시장은 분명 편리하고 성장 가능성이 무궁무진한 영역이었지만 판매자와 구매자 사이의 신뢰와 결제가 걸림돌이었다. 많은 사람이 주문한 물건이 제대로 도착할지, 엉뚱한 물건이 배송되는 건 아닌지, 괜히 돈만 날리는 건 아닌지 걱정했다. 이 문제를 해결하기 위해 내놓은 해결책이 바로 알리페이다. 알리페이는 자체 커머스의 지불 결제 수단에 머물지 않고 공과금 납부, 송금, 신용 판매, 대출까지 확장하며 가장 강력한 핀테크로 성장했다. 중국에서는 거지도 알리페이나 위챗페이로 구걸을 한다는 말이 있다. 그 누구도 이 2개의 플랫폼 없이는 하루도 살기 어려울 정도가 되었다. 이것이 바로 슈퍼앱의 위력이다.

슈퍼앱이 통할 수밖에 없는 이유

플랫폼이라는 비즈니스 형태는 분명 미국에서 시작되었다. 그러나 중국의 테크 기업들은 FAANG(페이스북, 아마존, 애플, 넷플릭스, 구글)과는 다른 방식의 진화와 혁신 단계를 거치며 슈퍼앱으로 성장해왔다. 그 차이는 슈퍼앱이 태동하던 초창기 시절 강력한 선도 기업 부재, 낮은 신용카드 보유율, 높은 스마트폰 보급률 등 시장 환경에서 찾을 수 있다. 무엇보다 압도적인 인구수로 해외 진출을 하지 않아도 스케일업을 이룰 수 있다. 또한 철저하게 모바일 퍼스트 기반 위에서 성장했다.

서비스 관련 규칙과 규제가 적은 반면, 외국 기업들의 진출을 막는 정부의 손길도 유리하게 작용했다. 2021년 테크 기업의 데이터 독점에 중국 정부가 규제를 가하고 있으나(중국에서는 페이스북과 지메일gmail을 사용할 수 없고, 여전히 유튜브도 볼 수 없다) 정부의 보호막이 중국 슈퍼앱의 경쟁력을 전부 설명해주는 요인은 아니다. 내수시장을 놓고 경쟁하면서 보다 편리하면서도 새로운 서비스를 출시하고, 막대한 데이터를 기반으로 최적화 과정을 거쳐 이룬 것이다.

동남아의 유니콘들은 어떤가. 아세안 시장은 엄청난 인구, 낮은 금융 서비스 이용률, 높은 모바일 인터넷 이용률이라는 특징을 갖고 있다. 과거 중국 시장 환경과 매우 유사하다. 인프라가 부족해 발생하는 불편함과 사회 문제들이 도처에 널려 있었다. 대도시의 교통 체증, 불충분한 대중교통, 높은 은행 문턱, 귀찮은 문자 메시지 입력, 온라인 쇼핑 결제 및 배송 문제 등이 모두 페인 포인트^{pain point}였다. 이러한 문제점을 정조준하고 모바일 기반 솔루션을 제공하는 스타트업들이 태어났다. 그들은 소비자들의 생활 반경을 따라 신규 서비스를 추가했다. 뚜렷한 영역의 구분이나 규제가 없는 틈을 노려 수직·수평 확장이 속속 진행되었고, 편리함을 추구하는 이용자들이 빠르게 늘어났다.

중국에서 슈퍼앱의 성장과 발전을 지켜본 동남아의 창업자들은 기회를 놓칠 수 없었다. 글로벌 투자자들도 시장 성장성에 주목했다. 기능과 제품 최적화에 주목했던 동남아 스타트업들은 점차 자신들만의 생태계를 만드는 수준으로 성장했다. 이러한 추세가 지속된다면 동남아의 슈퍼앱 유니버스를 보게 될지도 모른다. 전 세계에 수많은 유저를 보유하고 있는 페이스북도 만들지 못한 위력이다.

아세안 슈퍼앱들의 상황은 중국의 슈퍼앱과 다르다. 중국에서는 페이스북, 유튜브, 구글을 사용할 수 없지만 동남아는 그렇지 않다. 글로벌 플랫폼 기업들이 진출해 소셜미디어와 메신저, 검색시장을 장악했다. 동남아에서 가장 많이 쓰이는 검색엔진은 구글이고, 인스타그램 유저도 수억 명이다. 우버도 들어와 있고, 아마존도 진출할 수 있다. 이런 글로벌 거인들이 존재하는 시장에 아세안 슈퍼앱들이 우뚝 섰다. 슈퍼앱 5의 성공은 단순히 카피캣^{copycat}(시

장에서 소비자들에게 인기 있거나 잘 팔리는 제품을 그대로 모방해 만든 제품)

선발이기 때문이 아니다. 동남아 소비자들이 원하는 것을 편리하

게 이용할 수 있는 방식을 제공했고, 플랫폼의 레버리지를 극대화

했으며, 국경을 넘어 아세안 시장으로 향했기 때문에 성공을 거둘

수 있었다.

카카오와 네이버는 슈퍼앱인가

슈퍼앱은 다양한 서비스를 제공하지만 '하나의 플랫폼'에서 운영

된다는 것이 핵심이다. 그렇다면 카카오와 네이버는 어떨까? 한국

에서 가장 많이 사용되는 메신저앱은 바로 카카오톡이다. 카카오택

시, 카카오페이, 카카오뱅크, 카카오게임은 메신저 카카오와 분리

된 별도의 앱에서 사용할 수 있다. 네이버 역시 검색 포털로 출발

해 네이버페이와 쇼핑으로 확장했지만 별개의 서비스로 운영되고

있다. 엄밀히 말하면 카카오와 네이버가 처음부터 슈퍼앱을 지향한

것은 아니다.

카카오와 네이버는 편리성과 기능성 면에서 중국이나 동남아 슈

퍼앱보다 뒤처졌다는 평가를 받기도 했지만 점점 변화하고 있다.

카카오는 송금과 결제, 음식 배달, 쇼핑, 게임, 콘텐츠 등 카카오가

보유한 자회사들의 서비스와 기능을 카카오톡 메신저 플랫폼 안에

한국의 슈퍼앱 경쟁

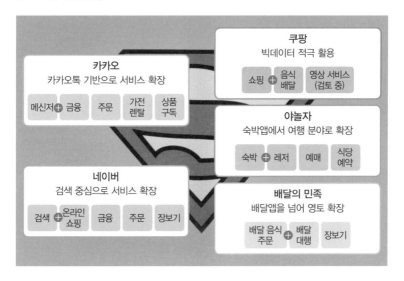

연결시켰다. 네이버는 과거에 비해 검색 기능이 무색해졌다. 네이버 매출의 주축은 스마트스토어라는 전자상거래이며, 네이버페이라는 결제 수단과 콘텐츠를 강력한 무기로 장착한 플랫폼으로 이용되고 있다. 특히 선물하기와 웹툰은 카카오와 네이버의 경쟁력을 한층 끌어올렸다. 이제 카카오와 네이버 아이디 하나만 있으면 하루 종일 다양한 서비스를 충분히 즐길 수 있다.

한국을 대표하는 양대 기업이 기회가 있는 사업에 뛰어드는 데 그치지 않고 모든 기능을 담아내는 슈퍼앱 전략으로 선회한 것은 분명해 보인다. 카카오톡 안에 나열된 서비스를 클릭하면 그 앱을 설치, 구동시켜야 한다는 약간의 걸림돌이 남아 있긴 하지만, 카카오와 네이버는 한국의 슈퍼앱임이 분명하다. 동남아 슈퍼앱 5를 한국의 카카오, 네이버와 비교하며 살펴보면 앞으로의 이야기가 쉽게 이해되면서 훨씬 흥미롭게 들릴 것이다.

PART 2

[슈퍼 앱 1부]
진격의 거인 셋

아세안의 변화를 이끌고 있는 혁신 기업을 꼽으라고 한다면 주저하지 않고 그랩, 고투그룹, SEA를 꼽을 것이다. 동남아에서 생활해본 적이 있거나 투자 경험이 있는 사람이라면 이견이 없을 것이라 생각한다. 그랩, 고투그룹, SEA는 동남아 모빌리티와 배송, 핀테크, 이커머스 등 디지털 경제의 주요 부문에서 시장점유율 1위를 달리고 있는 테크 기업들이다. 카카오와 네이버 없이 한국 생활이 어렵고, 위챗과 알리페이 없이 중국 생활이 어렵듯 동남아에서 그들의 존재감도 비슷하다.

가장 먼저 설립된 회사는 2009년에 문을 연 가레나(SEA의 모체)다. 인도네시아의 이커머스 토코페디아와 고젝, 그랩이 그 뒤를 이어 등장했다. 2009~2012년 태평양 건너 미국에서는 테크 기업들이 이미 세상을 바꾸고 있었고, 중국에서도 변화의 바람이 거세게 불고 있었다.

출발은 카피캣이었다. 게임과 이커머스, 라이드헤일링은 이미 성장이 검증된 모델이었고 언젠가 신흥시장에서도 주력 산업이 될 것이라 예상하고 있었지만, 그때가 언제인지 아무도 알 수 없었다. 소비자들이 이러한 서비스를 편하게 받아들일지, 과연 돈을 지불하고 사용할지가 관건이었다. 파괴적 혁신의 최종 결정자는 바로 소비자였다. 동남아에서 이러한 서비스가 과연 통할지 그 누구도 자신할 수 없었던 그때 몇몇 창업자가 도전장을 내밀며 등장했다. 글로벌 관점에서 비즈니스 모델 카피캣 혹은 팔로어라고 볼 수도 있지만, 그들은 아세안 시장의 패스트 무버이자 불확실한 세상에 리스크를 지고 들어온 창업자들이라 할 수 있다.

중국이 모바일 기반 디지털 경제로 빠르게 옮겨갔던 것과 마찬가지로 아세안도 빠르게 변화했다. 그러나 미국, 중국의 플랫폼 기업과 다른 차별점이 아세안 슈퍼 앱에서 발견되었다. 팬데믹이 테크 기업들의 성장을 이끌었다는 점이다. 포스트 팬데믹에서 돌아갈 수 없는 지점이 바로 편리함이다. 이 변화를 주도하는 테크 자이언트들의 어제와 오늘, 그리고 진화하는 방향을 읽지 못한다면 아세안 시장의 현재와 미래를 전혀 볼 수 없을 것이다. 지금부터 아세안의 혁신을 이끈 슈퍼앱들의 성장 과정과 전략을 하나씩 살펴보자.

동남아를 집어삼킨
슈퍼앱, 그랩

혁신과 스타트업, 제4차 산업혁명이 화두로 등장한 이래, 동남아 시장에서 가장 널리 알려진 기업은 단연 그랩이다. 한국에서는 '동남아의 우버' 정도로 알려져 있지만 그랩이 제공하는 서비스는 그보다 훨씬 다양하고, 그랩 없는 삶은 매우 불편할 정도다. 그렇기에 아세안 슈퍼앱 중에서도 그랩을 가장 먼저 살펴보지 않을 수 없다.

2012년 스타트업으로 출발한 그랩은 2014년에 유니콘 대열에 들어섰고, 2018년에는 동남아 최초로 데카콘으로 올라섰다. 2021년 6월 기준 동남아 8개국, 400개 이상의 도시에서 그랩앱을 이용할 수 있으며, 지금까지 누적 다운로드 수는 2억 건 이상이다. 초당

▶ 동남아 최초로 데카콘으로 올라선 그랩

100건 이상의 온디맨드 서비스를 처리하는 그랩의 기업가치는 약 400억 달러로 추산된다.

동남아로 출장 혹은 여행을 다녀온 사람이라면 한 번쯤 그랩을 이용했을 것이다. 어디서든 그랩으로 차량을 예약하면 지정된 장소로 와 목적지까지 태워다준다. 언어가 잘 통하지 않아도, 주변 지리를 잘 몰라도 이동하는 데 아무런 문제가 없다. 차가 막히는 시간이나 밤늦은 시간에도 요금을 미리 알려주기 때문에 바가지요금을 걱정할 필요도 없다.

한국인들에게 가장 익숙한 그랩 서비스는 라이드헤일링*이지만 그 외에도 음식 배달, 장보기, 결제, 송금, 보험, 퀵서비스, 호텔 예약까지 일상생활에 필요한 여러 기능을 제공한다. 쉽게 카카오페이와 카카오뱅크, 카카오택시, 카카오쇼핑을 합쳐놓은 것이라 생각하면 된다. 특히 이 모든 서비스를 그랩앱 안에서 이용할 수 있기 때문에 그야말로 슈퍼앱의 조건을 완벽하게 갖추었다고 할 수 있다.

2012년 스타트업의 여정을 시작한 이래 소프트뱅크의 투자를 받으며 주목받은 그랩은 2021년 말 미국 주식시장에 상장을 예고했다. 그랩의 상장 소식에 블룸버그, 로이터 등 외신과 한국의 경제지들도 반응을 보였는데, 그만큼 슈퍼앱의 시장 영향력이 크다는 증거다. 꼭 주식투자 측면에서만 그랩의 중요성이 부각되는 것은 아니다. 아세안 전체 경제에서 슈퍼앱이 불러온 변화가 그만큼 크기 때문이다.

동남아의 우버를 넘어서는 그랩의 비즈니스 포트폴리오는 무엇인지, 어떻게 성장했는지, 어느 분야로 나아갈지 분석해야 기업가치를 파악할 수 있다. 아세안 전체를 아우르는 최초의 지역 기반 플

---

* 공유차량 혹은 공유경제라는 광범위한 용어를 많이 사용했으나 다양한 서비스가 등장하면서 모빌리티 서비스라고 지칭한다. 모빌리티 서비스는 크게 셰어링과 헤일링으로 나뉜다. 카셰어링(car sharing), 라이드 셰어링(ride sharing)은 말 그대로 여러 사람이 공유하는 것으로 하나의 자동차를 여러 사람이 공유하는 서비스, 카풀과 같이 한 운전자의 차량을 함께 타는 방식을 뜻한다. 공유자동차를 원하는 위치로 부르는 호출형 차량공유 서비스는 카헤일링이며, 라이드헤일링은 라이드셰어링과 카헤일링 서비스가 융합된 형태로, 이용자가 원하는 위치와 시간에 승차 서비스를 이용할 수 있도록 하는 호출형 승차공유 서비스다. 그랩은 대표적인 라이드헤일링 서비스 스타트업이지만 최근 전기차 카헤일링 서비스도 시작했다. (현대자동차 그룹, HMG 저널, 2019년 7월 11일 '글로벌 공유 모빌리티 서비스')

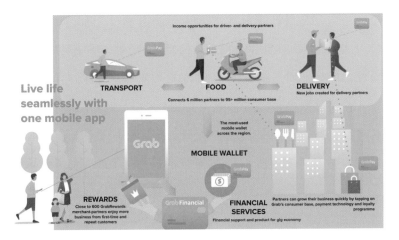

▶ 모바일 결제, 음식 배달, 주거 관리 등 의식주 전반의 생활 플랫폼으로 자리매김한 그랩

랫폼regional platform이자 진정한 슈퍼앱 그랩의 모든 것을 하나씩 파헤쳐보자.

두 명의 '탄'이 만든 마이택시

'아세안의 만능 플랫폼' 그랩의 시작도 작은 스타트업이었다. 하버드 비즈니스스쿨에 다니던 안소니 탄Anthony Tan과 후이링 탄Hooi Ling Tan은 말레이시아에서 택시를 잡는 것이 너무 힘들고 서비스가 열악하다는 점에 착안해 택시를 호출·예약하는 앱을 구상했다. 이때

두 사람의 개인적인 경험이 바탕이 되었다. 택시 기사인 할아버지를 둔 안소니 탄은 하버드 비즈니스스쿨에 입학하기 전 40대의 렌터카로 택시 서비스를 한 적이 있는데, 이때 수요자와 공급자를 매칭하는 것이 매우 어렵다는 문제를 파악했다. 맥킨지 컨설팅의 컨설턴트로 일하던 후이링 탄은 야근을 할 때마다 택시를 탔는데, 늦은 시간에 혼자 택시를 타는 게 불안해 가족과 통화하는 척을 했다고 한다. 두 사람은 말레이시아의 택시 문제에 공감하고 이를 해결할 수 있는 최적의 방도는 스마트폰 택시앱이라는 결론을 내렸다. 그들은 아이디어를 발전시켜 교내 비즈니스 플랜 경진대회에 참가해 2등을 했고, 상금 2억 5000달러를 받았다.

말레이시아로 돌아온 안소니 탄은 대회 상금을 시드머니로 사용해 2012년 6월 앱을 기반으로 한 택시 호출·예약 서비스 마이택시 MyTeksi를 론칭했다. 후이링 탄은 맥킨지 컨설팅으로 돌아갔다가 나중에 합류했다. 'teksi'는 말레이어로 택시를 뜻한다. 그들의 가장 큰 후원자이자 투자자는 안소니 탄의 어머니 코 스위 와Koh Swee Wah 였다. 안소니 탄의 아버지 탄 헝 츄Tan Heng Chew는 말레이시아의 유명 그룹 탄종 모터스Tan Chong Motors의 설립자이자 최대주주였으며, 어머니는 탄종 모터스 마케팅 이사를 맡고 있었다. 아들이 가족 회사에 들어와 경영 수업을 받길 원한 아버지는 마이택시 사업을 반대했지만 어머니는 적극적으로 지지해주었다.

마이택시의 시작은 순탄하지 않았다. 택시 기사들을 앱 이용자로

▶ 그랩의 전신인 마이택시 앱 화면

끌어들이기가 매우 어려웠고, 우버, 이지택시Easy Taxi 등 막강한 경쟁
자들이 버티고 있었기 때문이다.

2012년 마이택시는 40명의 택시 기사를 데리고 출발했다. 그 당
시 말레이시아 택시회사와 기사들은 아무런 경험을 해보지 못했기
에 스마트폰의 앱이 어떤 기능을 하는지, 고객을 어떻게 끌어당길
수 있는지 전혀 알지 못했다. 스마트폰을 갖고 있어도 잘 이용할 줄
몰랐고, 심지어 이메일 주소가 없는 사람도 많았다.

이렇듯 디지털 접근성이 떨어져 참여를 유도하기가 쉽지 않았다.
안소니 탄은 택시회사를 일일이 찾아다니며 앱에 대해 설명하고
기사들을 설득했지만 역부족이었다. 그래서 생각해낸 것이 바로 게

릴라 전법^{guerrilla acquisition}이었다. 그는 기사들이 모이는 곳이라면 어디든 찾아가 이메일 주소를 만드는 방법, 앱을 등록하고 이용하는 방법 등을 가르쳐주었다.

택시 이용자들은 앱에 빠르게 적응했다. 전화로 택시를 부르거나 길거리에서 흥정을 해야 했던 고객들은 편리함을 제공하는 앱을 자연스럽게 받아들였고, 앱에 이동 경로가 보이니 불안감이 크게 해소되었다며 만족스러워했다. 마이택시 이용자들이 점점 늘어나자 먼저 이용하기 시작한 택시 기사들은 주변 동료들에게 앱 이용을 권했다. 그들은 스마트폰이 자신의 벌이에 중요한 도구가 되는 시대가 도래했다는 사실을 깨닫기 시작했다.

세계 최악의 택시로 평가받던 말레이시아 택시업계는 마이택시의 등장으로 변화를 맞게 되었고, 마이택시는 초반의 어려움을 딛고 점차 고객을 늘려나갔다. 설립 1년 만인 2013년 6월에는 8초에 1건씩 호출이 들어오면서 하루 1만 건의 예약이 실행되었다. 당시로서는 엄청난 성과였다.

해외 진출로 이룬 스케일업, 말레이시아에서 이웃 국가로

말레이시아에서 급속한 성장세를 타기 시작한 마이택시는 자신감을 갖고 2013년 8월 필리핀으로 첫 해외 진출을 감행했다. 이때 마이택시의 'teksi'는 말레이어였기에 해외에서는 혼란을 가져올 수 있다고 판단해 그랩택시GrabTaxi라는 브랜드를 사용했다. 필리핀으로 진출한 지 두 달 뒤인 10월에는 싱가포르와 태국으로 잇달아 진출했고, 2014년에는 베트남 호치민으로 나아갔다.

이때까지 그랩은 택시앱의 형태를 띠고 있었는데, 2014년 6월 드디어 우버와 같은 그랩카GrabCar 서비스를 말레이시아와 싱가포르에서 처음으로 론칭했다. 곧이어 11월에는 싱가포르에서 공유자전거 서비스인 그랩바이크GrabBike를 선보였다. 이로써 그랩은 아세안 각국의 대도시로 서비스 지역을 확장하며 택시앱에서 한 단계 업그레이드된 교통 서비스 플랫폼으로 포지셔닝하는 전략을 온전히 갖추게 되었다.

그랩은 설립 2년 만에 주변 6개국 진출을 완료했다. 1초당 3건의 예약이 이루어지는 폭발적인 인기를 끌며 2개월에 100%라는 놀라운 성장세를 이어갔다. 2017년 캄보디아와 미얀마까지 진격해 8개국에서 모빌리티 서비스를 제공하게 된 그랩은 라이드헤일링 시장의 70%를 차지하며 1등 사업자가 되었다. 해외시장 진출을 통한 스케일업 전략이 완벽하게 통한 것이다.

공유경제라는 새로운 형태의 비즈니스가 처음 시작되고 빠르게 퍼져나가기 시작한 지역은 미국과 유럽이다. 우버와 에어비앤비가 그 시작을 알렸고, 소득 수준이 높고 택시비와 호텔비가 비싼 지역에 정착했다. 반면 동남아는 미국, 유럽과는 환경이 완전히 다르다. 소득 수준이 높은 국가는 브루나이와 싱가포르뿐이다.

안소니 탄과 후이링 탄은 마이택시를 론칭한 뒤 빠르게 해외 진출을 감행했다. 그들은 왜 동남아 확장 전략을 택한 것일까? 왜 공유경제 모델이 도입되기 어려울 것이라 생각되는 지역에서 차량공유 비즈니스를 론칭한 것일까?

적절한 타이밍! 모바일 퍼스트에 진입한 동남아 시장

그랩카는 말레이시아에서 시작해 동남아 전역으로 빠르게 퍼져 나갔다. 물론 창업자의 고향이기 때문에 말레이시아에서 출발한 것도 있지만, 안소니 탄과 후이링 탄은 창업 초기부터 동남아에 주목했다. 동남아는 6억 7000만 명이 넘는 인구를 가진 거대한 시장이자, 잠재력이 가득한 시장이기 때문이었다. 그랩 설립 초기 마이택시 시절로 돌아가보자.

아세안은 중국과 인도 다음으로 인구가 많으며, GDP는 세계 6~7위로 1인당 소득이 크게 증가하는 거대한 소비시장으로 거듭나고 있었다. 향후 경제성장률이 평균 5% 이상 높은 수준을 유지할 것이라는 전망도 낙관적이었다. 비록 인터넷 이용자 비율은

26%에 불과해 선진국의 78%에는 한참 미치지 못했지만 이용자 수가 매년 빠르게 늘고 있었다. 특히 모바일 이용자가 해마다 급속하게 증가하고 있는데, 이는 1인당 소득이 늘어난 이유도 있었지만 중국 브랜드의 저가 스마트폰이 널리 보급되는 것과도 무관하지 않았다.

여기에 동남아를 얘기할 때 빠지지 않고 등장하는 것은 젊은층의 높은 인구 비중이다. 새로운 기기에 적응하는 속도가 빠르고 모바일 인터넷 이용률이 증가할 것이라는 점은 충분히 예견 가능했다.

교통, 동남아 공통의 페인 포인트

인터넷 경제라는 말조차 생소하던 2012년, 마이택시는 말레이시아의 불안하고 불편한 택시 이용을 개선하려는 노력의 일환으로 세상에 등장했다.

그러나 이런 문제점은 비단 말레이시아의 대도시에만 국한된 것이 아니었다. 싱가포르를 제외하면 대중교통이 만족할 만한 수준에 이른 곳이 한 곳도 없었다. 특히 각국의 대도시는 도로에 차가 넘쳐나 늘 꽉 막혀 있었고, 전철은 더디게 건설되고 있었으며, 버스는 언제 올지 알 수 없었다. 소득 증가로 차를 소유한 사람은 계속해서 늘고 있는데 도로는 그 속도에 맞춰 확장되지 못하고 있는 실정이었다. 상황이 이러하기에 자카르타와 방콕, 마닐라 등이 '교통이 혼잡한 도시' 상위 목록에 이름이 올라간 것이 전혀 놀라운 일이 아니었다.

교통 체증에 더해 택시는 예약을 잘 지키지 않거나 차가 막혀 제때 도착하지 못하는 경우가 많았다. 또한 일부 차량은 청소 상태가 불량하거나 성능이 좋지 않았다. 게다가 미터기에 찍힌 대로 요금을 받지 않고 터무니없는 요금을 요구하는 경우도 많았고, 불안감을 조성하는 기사와 무례한 기사가 많아 여성이나 외국인 고객들은 택시 사용을 주저했다. 싱가포르는 배경 조건은 다르지만, 자동차 가격과 세금이 높아 자가용보다 택시 이용을 선호한다는 점에서 수요 요인이 차이가 난다.

동남아 도시 환경에서 이용자가 원하는 곳에서 택시를 부르고 도착 시간과 금액을 미리 확인할 수 있는 서비스가 환영받는 것은 당연하다. 굳이 택시 기사와 통화를 하며 도착 지점을 설명할 필요도, 요금을 가지고 실랑이를 벌일 필요도 없다. 차량 번호 등의 기록이 남기 때문에 안전성이 높아진 것도 주효했다. 서비스를 한 번 이용해본 사람들은 디지털 혁신이 생활에 편리함과 만족감을 가져다주는 경험을 했기에 계속해서 이용했고, 다른 종류의 앱이나 서비스를 쉽게 받아들였다. 이용자들의 경험은 디지털 혁신이 저 멀리에 있다는 막연한 심리적 장벽을 제거했다. 이것이 바로 동남아 디지털 경제의 출발을 그랩으로 여기는 이유다.

소프트뱅크의 손정의가
우버보다 먼저 택한 그랩

대부분의 스타트업은 기술과 자본, 전략 등 모든 부분에서 날마다 문제가 발생하고, 끊임없이 적절한 솔루션을 내야 하는 상황에 놓여 있다. 외형적으로 빠르게 성장하는 스타트업도 마찬가지다.

그랩도 상황이 다르지 않았다. 택시 호출에서 차량공유로 서비스를 전환하고 신속하게 동남아 각국으로 진출하는 등 승승장구하는 것처럼 보였지만 자금난에 시달렸다. 2014년 4월 첫 펀딩 라운드에서 버텍스 벤처캐피탈Vertex Ventures이 그랩에 투자하기로 결정했다. 그 당시 그랩은 직원들에게 월급을 지급할 수 없는 상황에 처해 있었다. 다행히 이 펀딩을 계기로 투자 물꼬가 열려 한고비 넘겼지만, 여러 나라에서 만족스러운 서비스를 유지하는 것은 결코 쉽지 않았다. 무엇보다 각 나라에서 시장점유율을 끌어올리기 위해 더 많은 투자금이 필요했다. 글로벌 자이언트 우버를 상대하려면 더 많은 프로모션을 진행해야 했고, 기술 개발과 인재 영입도 절실했다.

그랩이 한 단계 도약할 수 있었던 결정적인 계기는 2014년 12월에 찾아왔다. 소프트뱅크가 그랩에 무려 2억 5000만 달러 펀딩을 진행한다는 소식이 보도되었다. 소프트뱅크가 동남아 스타트업에 투자한다는 소식에 많은 관심이 그랩에 집중되었다. 소프트뱅크는 우버의 대주주로 알려져 있는데, 우버보다 먼저 투자한 차량공유 서비스가 바로 그랩이다.

대규모 펀딩을 받은 그랩은 2015년부터 엄청난 속도로 성장하기 시작했다. 이용자가 폭증하며 매달 새로운 기록을 써나갔다. 소프트뱅크의 투자는 그랩이 시장에서 지위를 굳건히 하는 데 기여했을 뿐만 아니라 다른 거대 투자자들의 이목을 끌어당겨주었다. 그랩은 2015년 한 해 동안에만 중국투자공사와 디디^{Didi} 등으로부터 3억 5000만 달러 펀딩을 받았다. 나아가 소프트뱅크가 투자한 다른 지역 동종 업계 리더인 중국의 디디와 미국의 리프트^{Lyft}, 인도의 올라^{Ola} 등과 파트너십을 맺게 되었다. 소프트뱅크는 2016년 다시 한 번 그랩에 7억 5000만 달러를 투자했다.

그랩은 끊임없이 늘어나는 이용자를 감당하고 서비스를 업그레이드하기 위해 싱가포르와 인도, 미국 등 7개 지역에 R&D센터를 세우고 개발자들을 영입했다. 그리고 카풀 서비스 그랩히치^{GrabHitch}와 신규 배송 서비스 그랩익스프레스^{GrabExpress}, 그랩페이^{GrabPay} 등을 잇달아 론칭했다. 그랩은 단기적으로는 우버와의 모빌리티 대결을, 장기적으로는 슈퍼앱 전략에 시동을 걸었다.

골리앗과 다윗의 싸움, 우버 vs. 그랩

동남아는 2010년대 중반까지만 해도 택시를 포함한 대중교통의 발전이 더디고, 도시는 넘쳐나는 인구를 감당하기 어려웠다. 관광객이나 출장자들에게 버스는 접근조차 불가한 교통수단이었고, 택시는 불편하다 못해 불쾌한 경험을 선사하기 일쑤였다. 상황이 이러하기에 동남아 차량공유 시장은 그 어느 지역보다 빠르게 커지고 있었다. 우버가 독점하던 시장에 그랩이 뛰어들면서 거대한 시장의 주도권을 잡기 위한 치열한 경쟁이 벌어졌다. 세계 최초로 차량공유 서비스를 선보인 우버는 2013년 동남아에 진입한 유일한 서비스 제공자이자 시장 지배자였다. 그랩카가 나오기 전까지는.

거대 기업의 아성에 금이 가기 시작하는 데 그리 오랜 시간이 걸리지 않았다. 그랩카는 동남아 각국에서 론칭된 지 몇 개월 지나지 않아 시장점유율에서 우버를 위협하거나 앞서나가기 시작했다. '승자독식'의 플랫폼 전쟁에서 물러설 수 없는 양측은 막대한 자금을 쏟아부었다. 글로벌 리더로서 엄청난 투자를 받은 우버는 마케팅 경험을 충분히 쌓은 상태였다. 로컬 스타트업으로 후발주자였던 그랩 역시 소프트뱅크를 포함한 벤처캐피탈 펀딩으로 장전된 상태였다. 이들의 경쟁은 이용자들을 웃게 만들었다. 프로모션과 쿠폰이 경쟁적으로 나왔고 요금도 낮아졌다. 서비스 불만을 신고하면 즉시 처리되었다.

우월적 지위를 유지하려는 전략을 고수하던 우버는 얼마 지나지 않아 동남아 전역에서 그랩의 도전자가 되는 신세로 바뀌었다. 후발주자가 글로벌 1위를 제치는 사례는 역사상 흔치 않다. 그것도 단시간 내에 말이다. 자국 기업을 보호하기 위한 진입장벽을 설치한 국가들을 제외하면, 특히나 플랫폼 시장에서 이런 역전극은 없었다. 《월스트리트저널》은 우버와 그랩의 경쟁을 '다윗과 골리앗의 싸움'이라 표현했다.

2016년 그랩과 우버는 시장점유율, 이용자 수 등을 정확히 밝히지 않았지만 분석가들은 우버가 힘겨운 싸움을 벌이고 있을 것이라 예측했다. 그랩은 시장 주도권을 차지하기 위해 공격적인 마케팅을 구사하는 동시에 계속해서 신규 서비스를 내놓았다. 2016년에 그랩페이가 등장했고, 회사를 상대로 한 서비스 카풀 그랩셰어GrabShare를 론칭했다. 2017년에는 밴과 미니버스를 예약할 수 있는 그랩코치GrabCoach와 그랩셔틀GrabShuttle, 그랩리워드GrabReward 등을 론칭했고, 캄보디아에서 서비스를 시작했다. 여러 신규 서비스 중 그랩페이의 등장은 의미심장한 행보다. 페이먼트를 플랫폼에 포함시킴으로써 핀테크 기업으로의 확장을 알린 것이다.

2017년 다윗과 골리앗의 싸움은 점차 전세가 역전되기 시작했다. 《파이낸셜타임즈》는 아세안 6개국의 소비자들을 대상으로 차량공유 앱 이용 설문조사를 실시했다. 고객이 압도적인 인도네시아를 제외하고 그랩을 이용한 적이 있거나 자주 이용한다고 밝힌 응답자가 가장 많았다.

얼마 지나지 않아 진행된 설문조사 결과 역시 동남아 6개국에서 그랩이 우버를 압도하고 있다는 사실을 보여주었다. 2017년 고젝은 인도네시아에서만 활동했으므로 인도네시아에서의 주요 경쟁자는 고젝과 우버, 두 회사가 있었던 반면 싱가포르를 비롯한 다른 동남아 지역에서의 차량공유 서비스 사업자는 규모가 매우 작기 때문에 주요 경쟁자는 우버뿐이었다고 봐도 무방하다. 그랩은 2017년 10월 역사적인 10억 회 운행 기록을 세웠다.

그랩과 우버 사이에는 그 전부터 영업권 인수 협상이 진행되고 있었고, 시장에 소문이 퍼지기 시작했다. 미국 주식시장 상장을 앞두고 있던 우버는 재무제표상 수치를 관리할 필요가 있었기에 최대한 손실을 줄여야만 했다. 소문은 현실이 되었다. 2018년 3월 마침내 우버는 동남아 시장에서 철수한다고 발표했다. 다윗과 골리앗

그랩과 경쟁사들의 시장점유율(2017년 기준)

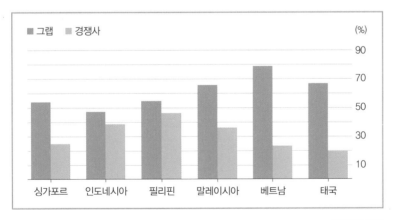

출처: 블룸버그

의 싸움에서 결국 다윗이 승리를 거머쥔 것이다.

물론 우버는 그랩의 주식을 받았고 그랩 상장 때 이익을 보장받았으므로 영리한 선택을 내렸다는 평가도 있다. 그러나 이 거래 내역은 이후 우버 IPO(기업공개) 과정에서야 드러났다. 우리가 주의 깊게 살펴봐야 하는 것은 그랩이 이겼다는 사실이 아니다. 다음을 준비하려면 글로벌 선두주자인 우버를 물리칠 수 있었던 로컬 추격자의 전략, 성공 요인이 무엇인지 파악해야 한다.

동남아 시장 통합 전략, 지역화 Regionalization

그랩은 말레이시아에서 출발했지만 곧바로 태국을 비롯한 주변 국가로 진출했다. 보통의 기업, 스타트업들이 국내시장에서 기반을 확실히 다진 후에, 혹은 포화 상태에 이르렀을 때 해외 진출을 계획하는 것과 사뭇 달랐다. 안소니 탄과 후이링 탄은 일찍부터 해외 진출을 염두에 두었다고 밝혔다. 말레이시아가 3200만 명의 인구를 가진 규모가 작은 시장이기도 하거니와 앞서 이야기했듯 교통과 이동에 있어 동남아 전역이 비슷한 문제점을 안고 있었기 때문이다.

그랩은 2012년 말레이시아에서 출발해 첫 해외 진출을 한 필리핀에서 서비스를 내놓기까지 1년, 그리고 다른 아세안 4개국으로

62

사업을 확장하기까지 2년밖에 걸리지 않았다. 과감한 실행력으로 무섭도록 빠르게 결정을 내린 것이다. 인터넷 유저가 적고 연결성이 상대적으로 낮은 미얀마와 캄보디아에서의 서비스 출시가 2017년으로 늦어졌을 뿐이다.

해외시장 진출은 차량공유나 플랫폼 스타트업의 과제인 스케일업에서 중요한 전략적 선택이다. 그랩이 제일 처음 진입한 필리핀과 베트남은 1억 명의 인구를 가지고 있으며 젊은층이 많다. 2억 7000만 명 이상 살고 있는 인도네시아는 동남아 최대 시장이다. 태국은 이보다 인구 규모가 작지만 소득이나 현지인 및 외국인 수요에 있어 뒤처지지 않는다. 서비스가 필요한 잠재 수요가 이미 넘쳐나는 시장이다.

누구나 성장 잠재력을 파악하고 있지만, 누구나 성공하는 것은 아니다. 한국의 카카오도 해외 진출을 감행했지만 메신저 서비스로는 성공하지 못했다. 해외시장으로의 확대, 지역 통합 전략은 그랩 성장의 원천이라 할 수 있다.

하이퍼 로컬라이제이션 전략

'그랩을 이용하지 않는 사람은 있어도 한 번만 이용해본 사람은 없다'라는 말이 있다. 그만큼 소비자에게는 편리함을, 파트너에게는 수익을 가져다주는 서비스라는 의미다.

글로벌 강자 우버도 동남아의 교통 문제를 모르지 않았기에 시장에 뛰어들었다. 그러나 그들의 이해도는 피상적이었고, 글로벌 시각에서만 바라봤기에 이용자들을 모두 수용하지 못했으며, 서비스 접근성이 낮았다. 반면 그랩의 창업자들은 동남아 출신 엘리트들이었고, 그들은 현지인들이 필요로 하고 기대하는 바를 정확히 꿰뚫고 있었다. 우버와 그랩이 갈린 지점은 현지화와 이용자들의 목소리를 듣는 현장 경험이었다. 그랩은 새로운 지역에 진출할 때마다 깊숙하게 파고드는 현지화 그 이상을 추구했다. 이것이 바로 하이퍼 로컬리제이션hyper-localization 전략이다. 그랩은 현금 결제, 메시지 및 현지어 번역 서비스, 이동 경로 트랙킹, 전화 상담, 운전자 직접 대면 등록 등을 제일 처음 도입했다.

첫 번째로 소비자가 민감하게 반응하는 결제 방식을 보자. 우버는 신용카드를 등록해 결제하는 시스템을 만들어놓고 이용 요금을 현금으로 지불하는 것을 용인하지 않았다. 미국이나 유럽에서는 대부분의 사람이 신용카드를 사용하기 때문에 이런 결제 방식만 적용해도 큰 문제가 없다. 하지만 동남아에서는 이런 원칙이 널리 적용되기 어렵다. 은행 계좌를 가진 성인 인구 비중이 낮고, 신용카드나 체크카드가 있다 하더라도 앱에 등록하려 하지 않는다. 그렇게 사용해본 경험이 없어 위험하다고 생각하기 때문이다.

마이택시는 우버와 다르게 현금 결제로 출발했다. 물론 현금만

고집하려던 것은 아니었다. 카드 결제 방식도 도입하고 싶었지만 말레이시아의 어떤 은행도 듣도 보도 못한 작은 스타트업에 이를 허락해주지 않았다. 고민 끝에 해결책으로 싱가포르에서 카드 결제 방식을 택했다. 말레이시아에서 택시를 탔는데, 결제는 싱가포르에 다녀오는 식이었다. 이용자는 현금이든 카드든 본인이 원하는 방식을 선택할 수 있기에 만족스러웠다. 나중에는 우버도 현금 결제를 받아들였지만, 한발 늦은 결정이었다.

두 번째로 안전 문제를 보자. 마이택시와 그랩카의 중요한 셀링 포인트selling point(사용 편의나 만족감 등 소비자의 구매 욕구를 일으키는 제품이나 서비스의 특징)는 안전성이었다. 따라서 안전에 관한 서비스의 질을 관리하고 유지하는 것은 회사의 평판과 브랜드에 직결되는 대단히 중요한 이슈다. 많은 사람이 택시를 불안하게 생각했기 때문에 그랩 운전자라고 해서 갑자기 믿음이 생길 수는 없는 노릇이었다. 그랩은 운전자에 대한 신뢰성을 담보하기 위해 온라인 가입에 더해 직접 대면 등록을 하도록 설계했다. 대면 등록 절차는 운전자의 그랩 서비스 활용능력을 제고하기 위한 방편이기도 하다.

이동 경로 공유 기능도 이용자의 안전을 위한 장치다. 특히 여성 운전자나 고객들은 전화번호 노출을 꺼렸다. 그로 인해 그랩앱 안에서 자체 메신저를 활용하도록 만들었고, 나중에 통화 기능도 추가했다.

세 번째로 R&R^{Responsible & Responsive} 시스템을 보자. 일반 택시는 문

제가 생기면 승객이 운전자와 직접 해결해야만 한다. 안 그래도 불안하고 불편한데, 기분 나쁜 상황으로 이어지는 경우가 많다. 하지만 그랩은 택시나 그랩카를 이용할 때 문제가 발생하면 곧바로 회사에 연락해 문제를 해결할 수 있도록 했다. 회사가 직접 신속하게 문제를 해결해주는 시스템을 만든 것이다.

다른 스타트업과 마찬가지로 그랩 역시 입소문의 중요성을 잘 알고 있기에 고객 이용 평가와 후기, 고객센터와 소셜미디어를 통해 접수되는 고객의 다양한 목소리에 귀를 기울이고 빠르게 대응한다. 현재 그랩 헬프센터는 다양한 서비스와 이해관계자를 고려해 여러 항목으로 세분화되어 있으며, 해당 항목을 클릭하면 발생 가능한 여러 문제들이 나열되어 있다. 이 중 해당 사항을 클릭하면 불편 사항을 간편하게 신고할 수 있다. 신고 접수 여부는 바로 알려주며, 신고 사항이 어떻게 처리되고 있는지 추적이 가능하다.

네 번째로 커뮤니케이션을 보자. 아세안 국가들은 저마다 각기 다른 언어를 사용하고 있어 의사소통을 하는 데 어려움이 있다. 말레이시아만 해도 중국어, 영어, 말레이어, 힌디어 등 여러 언어가 사용되고 있다. 그랩은 동남아 어디에서든 운전자와 의사소통을 하는 데 불편함이 없도록 업그레이드된 앱을 내놓으며 아세안 플랫폼으로서의 위치를 다시 한 번 확인시켰다. 운전자가 자국어로 메시지를 입력해도 이용자 앱에는 번역되어 뜨고, '가는 중입니다', '몇 분 후에 도착합니다' 등 자주 사용하는 메시지는 선택할 수 있

▌ 그랩 운전자와의 대화 번역 서비스

도록 해두었다. 외국인들이 그랩 이용 시 가장 편안함을 느끼는 부분 중 하나가 바로 이 번역 서비스다. 만일 한국어가 기본 언어로 설정된 스마트폰에 그랩앱을 설치한다면 운전자 메시지나 알림이 현지어와 한국어, 2개의 언어로 뜬다. 물론 완벽한 우리말은 아니지만 차가 픽업 지점에 도착했는지, 목적지까지 얼마나 남았는지 등을 파악하는 데 전혀 문제가 없다.

마지막 다섯 번째로 그랩의 다양한 서비스를 보자. 서비스는 국가마다 차이가 있다. 말레이시아와 싱가포르에는 그랩바이크 GrabBike 오토바이 공유가 없지만, 베트남과 인도네시아, 태국 등 다른 지역에서는 이용할 수 있다. 교통 체증이 심각해 오토바이 이용이 효율적이기도 하고 이용 요금이 더 저렴하기 때문이다. 동남아 곳곳에서 단거리 이동이나 관광객을 위한 상품으로 사랑받는 아이템인 삼륜차 뚝뚝tuktuk, auto rickshaw은 캄보디아와 미얀마에서 여전히 널리 이용되고 있는 대중교통 수단이다. 그랩은 이런 상황을 고려해 이 두 나라에서는 뚝뚝을 일반 자동차와 오토바이에 더해 이용 가능한 서비스로 올려놓았다. 캄보디아에서는 오토바이에 트레일러를 붙인 르모르끄Remorque를 호출해 사용할 수 있는 서비스도 추가했다. 싱가포르에서는 자전거와 전동킥보드 공유 서비스를 론칭할 계획이다. 그랩은 도로 상태나 규정, 이용자들의 편리성과 적정한 요금 수준 등이 국가마다, 도시마다 다르기 때문에 조건에 가장 적합한 서비스를 내놓는 전략을 펼치고 있다.

UIUser interface와 UXUser experience에서도 하이퍼 로컬리제이션의 세심함이 느껴진다. 프로모션이나 특별한 이벤트가 진행될 때마다 현지 문화와 정서를 반영하기 때문이다. 예를 들어 중국이나 한국과 마찬가지로 동남아 여러 나라에서도 음력 설날은 큰 명절이다. 이 기간 동안 쇼핑몰, 기차역, 공항 등에 많은 사람이 몰려든다. 이동이 몰리는 지점을 중심으로 프로모션을 진행하고, 화면의 차량도 용춤Dragon dance 모양으로 바꾸어놓는다. 두리안이 한창일 때는 두리안을 배달해준다. 과일의 왕이라 불리는 두리안은 독특한 향 때문에 호텔이나 공공장소에 반입이 금지되어 있지만 현지인들과 관광객들에게 꽤 인기가 많다. 크리스마스나 무슬림들의 금식 기간인 라마단과 이어지는 이드 알 피트르Eid al-Fitr 기간에도 그에 맞는 프로모션을 진행한다. 다양한 마케팅 방법 중 하나지만 국가나 지역, 도시마다 현지인들의 생활에 밀접하게 연결된 사항들을 세세히 반영하고 있다는 방증이다. '고객이 원하는 것이 정답이다'라는 명제는 매우 단순하고 당연하지만 실천하기는 결코 쉽지 않다.

그랩페이, 결제가 핵심

개인이든 법인이든 경제 활동은 결국 돈을 매개로 이루어진다. 무언가를 사고팔 때, 서비스를 이용할 때 돈을 지불해야만 한다. 일상생활에서도 마찬가지다. 출퇴근길에 라이드헤일링 서비스를 이용한 뒤 현금과 신용카드, 체크카드 등으로 결제할 수 있지만 매번 현금을 내는 사람들은 불편할 수밖에 없다. 이커머스로 물건을 주문할 때 카드가 없는 사람들은 현금을 지불하는 COD^{Cash On Delivery} 방식을 선택할 수밖에 없었고, 사이트 결제 시스템이나 상품 자체를 믿지 못하는 이용자들도 CDO 방식을 선호했다.

싱가포르, 말레이시아, 태국 등 대도시 중산층 이상 소비자들은 신용카드나 체크카드 사용률이 높은 편이지만, 신용카드 발급 자체가 까다로웠다. 대학교수라는 직업을 가진 나도 말레이시아로 이주한 초반에는 신용카드를 발급받지 못했다. 퍼블릭 은행^{Public Bank}에서는 거래 기간을 언급하며, 홍리옹뱅크^{Hongleong Bank}에서는 원칙적으로 외국인에게 신용카드 발급을 허용하지 않는다며 신용카드 발급을 거부했다.

이렇듯 금융 접근성이 높은 성인도 은행에 따라 신용카드 발급 제약 조건이 많았고, 절차와 승인이 매우 복잡했다. 고객의 편의는 안중에도 없었다. 문제는 그 외 일부 지역에서는 성인 절반 이상이 카드는 고사하고 은행 계좌도 없다는 점이었다. 동남아 각국으로 시장을 확대해나가려던 그랩에게는 결제가 큰 걸림돌이었다.

편리하게 사용할 수 있는 결제 수단이 없다는 것은 아세안 시장의 또 다른 페인 포인트였다. 디지털 결제 수단 도입이 답이라는 사실은 누구나 알고 있었지만, 규제 문제와 시스템 구축, 소비자들의 심리적 저항선을 넘어야만 했다.

결제 해결책을 먼저 제시한 쪽은 인도네시아의 고젝이었다.

▶ 그랩페이 카드와 그랩페이 결제

2016년 고젝이 내놓은 고페이^{GoPay}가 인도네시아 시장에서 돌풍을 일으키면서 순식간에 생태계를 변화시켰다. 동일한 문제를 고민하고 있던 그랩은 이듬해에 그랩페이를 론칭했다.

그랩페이는 2억 그랩카 이용자들을 대상으로 손쉽게 시작할 수 있었다. 은행 계좌가 없는 성인과 미성년자에게 모바일 지갑을 갖게 해주었다. 그랩푸드^{GrabFood} 이용자들에게도 편리한 결제 방식이 아닐 수 없었다. 그랩페이는 그랩리워드와 결합되고 그랩의 모든 서비스 이용자를 잡아두기에도 좋은 아이템이다. 그랩푸드와 마찬가지로 그랩페이에 화력을 집중시킨 이유다.

금융 접근성이 떨어지는 동남아 지역에서 모바일 지갑과 지불 결제 관련 핀테크의 발전 가능성은 일찍이 예견되었다. 대형 은행이나 스타트업들이 이를 놓칠 리가 없다. 싱가포르만 해도 핀테크

아세안 국가별 자금 결제 핀테크 업체 수(2017년 기준)

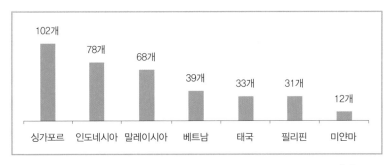

출처: Tracxn

업체가 100개가 훌쩍 넘고, 태국과 말레이시아의 핀테크 업체 수도 매년 큰 폭으로 늘어나고 있다. 그랩페이가 론칭될 무렵 대부분의 핀테크 업체는 지불 결제 분야에 집중되어 있었다.

무엇보다 그랩페이는 그랩이 본격적인 핀테크, 금융 분야에 진출한다는 신호탄 역할을 해주었다. 그랩은 차량공유나 딜리버리를 넘어 금융 기업이 되고자 하는 큰 그림을 그리고 있었다. 동남아 각국에서 여러 핀테크 업체가 경쟁을 벌이고 있고 각국의 대형 은행들도 만만치 않은 경쟁력을 갖고 있지만, 그랩만큼 막대한 정보와 이용자를 가진 기업도, 8개국에 막강한 네트워크를 가진 기업도 없기 때문이다. 그랩페이 출시는 경쟁자들을 긴장시키기에 충분했다. 그랩페이는 단순히 지급 결제를 넘어 자금 운영의 폭을 넓혀주고 재무적 투자를 가능케 한다. 또한 이용자를 대상으로 대출과 보험 상품을 연계하기에도 좋은 발판이 된다.

그랩은 그랩 파이낸셜이라는 부문을 신설하고, 공격적 광폭 행보를 이어갔다. 싱가포르, 말레이시아, 인도네시아, 베트남, 필리핀 중앙은행에서 이머니eMoney 운영자 라이선스를 받은 데 이어, 태국의 센트럴 그룹, 베트남의 모카Moca, 인도네시아의 오포OVO 등과 파트너십을 확대했다. 2017년과 2018년에는 인도네시아의 쿠도Kudo와 인도의 모바일 결제회사 이카즈iKaaz를 인수했다. 인도네시아에서는 외국인 지분율이 49%가 넘는 벤처기업의 모바일 지갑 서비스가 금지되어 있다. 그랩은 이와 같은 규제를 돌파하고자 쿠도를 인수

공격적인 확장 행보를 보여준 그랩

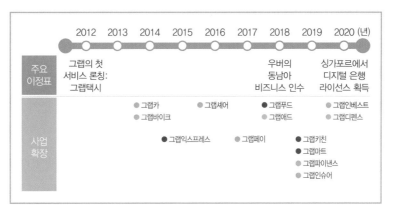

출처:그랩

하고 오포와 파트너십을 체결했다. 큐텐Qoo10 등 이커머스, 커피빈
과 같은 글로벌 프랜차이즈에서부터 소상공인 상점까지 200만 개
이상의 판매자와 연결되어 있다. 소비자들은 그랩페이로 지불하고,
온라인 POS로 판매 정보가 집계되는 거대한 생태계를 만든 것이다.

팬데믹이 키운 그랩푸드와 그랩마트

2016년 그랩은 음식 배달 서비스인 그랩푸드를 처음 플랫폼에
올려놓았다. 온라인 푸드 딜리버리 시장으로의 진입은 교통 플랫

폼 플레이어에게는 적절한 사업 확장 전략이다. 우버가 2014년 우버이츠를 론칭한 것이 대표적이다. 기술적인 측면에서 가장 가까운 배달 파트너와의 연결과 최적의 경로 제공 등 차량공유에서 쓰이는 알고리즘과 같은 방식이기 때문이다. 운영 측면에서도 기존 운전자 네트워크나 인프라 등의 활용도를 극대화할 수 있고, 추가 비용을 거의 들이지 않고 수익 사업을 할 수 있다.

또 하나는 시장의 성장 가능성이다. 구글과 테마섹^{Temasek}(싱가포르 재무성이 지분 100%를 보유하고 있는 투자회사)의 보고서에 따르면 동남아 온라인 온디맨드 음식 배달의 시장 규모는 4억 달러로, 차량공유 시장의 16%에 불과했다. 동남아에서는 집 앞에만 나가면 길거리 음식을 싼값에 먹을 수 있는데 굳이 배달료를 내고 주문을 하겠느냐는 회의적인 시각도 있었다. 그러나 편리함을 추구하는 인간의 본성은 다르지 않다. 미국, 유럽, 중국, 한국의 시장 규모와 성장 속도, 증가폭을 고려해보면 동남아 시장은 이제 막 눈을 뜬 새내기로, 쑥쑥 커나갈 일만 남아 있었다. 하지만 푸드 딜리버리 시장은 예상보다 더디게 나아갔고, 우버이츠를 비롯해 푸드판다, 딜리버리루, 고젝, 라인 등 경쟁자들과의 힘겨운 싸움이 계속되었다. 우버가 떠나가기 전까지는 말이다.

첫 번째 변화는 2018년에 찾아왔다. 틈새 서비스에 불과하던 음식 배달이 일상생활에 파고들었다. 그랩은 우버가 사라진 시장에서 모든 물량과 화력을 그랩푸드에 집중시켰다. 할인과 프로모션 덕에

서비스를 한두 번 이용해본 소비자들은 편리함에 매료되었다. 비가 내리거나 유난히 무더운 날, 축구 경기가 있을 때 배달앱으로 편안하게 음식을 시켜 먹는 안락함과 즐거움으로 2019년 시장 규모는 전년 대비 2배 이상 증가해 25억 달러를 기록했다. 그랩은 배달 가능한 식당 수와 메뉴 선택지, 배달 인원을 늘렸고, 축적된 데이터를 통해 추천 서비스를 강화했다.

두 번째 변화는 2020년 전 세계를 강타한 팬데믹으로 인해 발생했다. 그랩 역시 코로나19의 영향을 받고 있지만, 위기인 동시에 기회를 맞이한 상태다. 전체 매출에서 가장 큰 부분을 차지하던 모빌

그랩의 사업 부문별 매출 비중

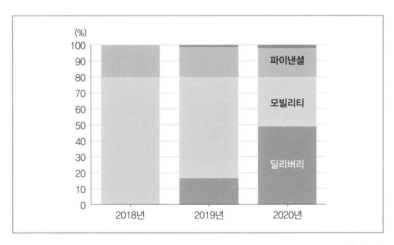

출처: 그랩

리티는 각국의 봉쇄 조치로 직격탄을 받아 매출이 크게 감소했다. 하지만 비대면 활동 증가로 인해 그랩푸드와 그랩마트, 그랩익스프레스 이용자와 매출이 급증했다. 그랩이 제시한 자료를 보면 팬데믹 이전 딜리버리 부문이 차지하던 비중은 전체 매출의 20%에도 미치지 못했지만 2020년 50%에 육박할 정도로 성장했다.

동남아 6개국에서 서비스가 운영되고 있는 그랩푸드는 전 지역에서 시장점유율 1위를 달리고 있다. 푸드 딜리버리 서비스는 비단 매출 측면에서만이 아니라 수익성 향상에도 크게 기여하고 있다. 건당 금액이 그랩카 이용 요금보다 크고, 식당과 주문자 양쪽에서 배달 수수료를 받기 때문이다. 구글과 테마섹, 베인앤컴퍼니의 보

그랩과 경쟁사의 동남아 음식 배달 시장점유율

출처: Kantar

고서에 따르면 동남아인 3명 중 1명은 팬데믹 때문에 디지털 서비스를 처음 이용해봤다고 한다. 1등 모바일 플랫폼 그랩이 최대 수혜자임은 다시 거론할 필요가 없을 듯하다.

독점과 소셜 임팩트 사이

그랩은 우버의 동남아 사업권을 인수한 직후 8개국의 라이드헤일링 부문에서 압도적인 시장점유율을 가진 1등 사업자가 되었다. 인도네시아를 제외하면 대등한 경쟁자가 거의 없는 상황에서 독점적 지위가 문제로 제기됐다. 우버가 물러간 뒤 요금이 인상되자 이용자들도 그랩에 부정적인 신호를 보내기 시작했다. 8개국에서 수많은 파트너와 이용자들과의 접점 최전선에 놓인 그랩으로서는 불편한 상황이 아닐 수 없었다.

정부와 시민사회와의 마찰은 이번이 처음이 아니었다. 라이드헤일링 서비스가 처음 도입되었을 때부터 기존 택시 기사와 마찰을 빚어왔고, 정확하게 불법도 합법도 아닌 회색지대에 놓여 있었다. 그러나 차량 호출 서비스는 대중교통의 대체재가 된 동시에 대중교통 이용을 늘리는 효과를 거두었고, 일자리 창출에도 기여했다. 그로 인해 정부는 결국 이를 허가하면서 사업 조건을 추가했다. 국가별로 사정이 다르지만, 운전자들이 일정 수준의 교육을 받고 자격을 취득하거나 사업자가 고용 조건을 보장하는 등의 단서 조항을 달고 합법화되었다.

그랩은 싱가포르, 말레이시아, 베트남 등 각국 당국의 독점 여부 조사 결과에 대해 법적으로 이의를 제기하지 않고 과징금을 받아들였다. 우버 인수 이후 인상한 요금도 하향 조정했다. 그리고 각국 경제에 대한 기여도를 내세우고 소셜 임팩트를 수치로 제시하는 등 적극적인 홍보로 대응에 나섰다. 그랩은 자신들의 동남아 경제에 대한 기여도는 2019년 3월 말까지 58억 달러, 2020년 3월 말까지 85억 달러에 달한다고 밝혔다. 그랩 운전자 파트너는 500만 명이 넘는데, 그 가운데 21%는 그랩에 합류하기 전에 직장이 없었던 것으로 나타났다. 2020년 팬데믹 상황에서 이동이 감소하자 14만 9000명의 운전자 파트너가 그랩푸드나 그랩마트, 그랩익스프레스 배달자로 전환해 소득을 이어갔으며, 11만 5000명의 신규 배달 파트너가 유입되었다. 그랩이 일자리 창출과 경제 효과에 기여했다는 증거 자료가 된 셈이다.

그랩이 사회적 가치와 책임 활동에 신경을 쓰는 사업적 이유는 또 있다. 그랩은 파이낸셜 부문에 디지털 뱅킹을 추가해 거대한 핀테크 사업자로 도약하고 있다. 디지털 은행 허가 여부는 정부 금융 부처 소관이다. 플랫폼이 수익을 내고 자리를 유지하려면 이용자들을 그만큼 유치해야 하고 추가된 서비스 모두에 이들을 붙잡아둘 수 있어야 한다. 빅데이터 분석과 그에 기반한 마케팅 수단이 총동

원되겠지만, 착한 기업 이미지도 그만큼 중요하다. 기업의 사회적 책임은 기업 이미지 제고에 도움을 주며, 궁극적으로는 소비자의 구매 결정과 충성심에 영향을 미치기 때문이다. 온라인상에서 이용자들이 경쟁 앱이나 신규 앱으로 갈아타는 것은 어려운 일이 아니다. 전 세계 소비자들과 마찬가지로 동남아인들도 윤리적이고 친환경적이며 사회적 책임을 다하는 기업을 선호한다.

창업자의 태도와 가치관도 주요한 요소다. 많은 벤처투자자가 투자 의사결정 과정에서 창업자와의 만남을 중요한 단계로 여긴다. 창업자 리스크가 그만큼 크기 때문이다. 그랩이 현장의 소리를 새겨듣고 하이퍼 로컬리제이션 전략을 추진할 수 있었던 것은 'Being Humble', 즉 겸손을 강조하는 창업자의 태도와 기업 문화도 영향을 미쳤다. 안소니 탄과 후이링 탄은 그랩의 성공 요인으로 '겸손'과 '낮은 자세'를 꼽는다. 그랩의 성공 요인이 무엇이냐는 질문을 받은 안소니 탄은 이렇게 답했다.

"제가 기여한 것이라고는 좋은 가족과 학교, 파트너들, PR 에이전시, 미디어와 함께했다는 것입니다. 그리고 무엇보다 적절한 때에 적절한 장소에 있었기 때문입니다."

그랩의 성장은 하나의 '스타트업 성공 스토리' 그 이상이다. 산업혁명과 정보통신혁명에서 뒤처졌던 동남아인들에게 디지털 세상의 편리함과 안전함을 선사해주었기 때문이다. 교통 솔루션을 제공하는 스타트업에서 디지털 트랜스포메이션 혁신 리더로 성장한 그랩은 그간 축적한 막강한 데이터를 바탕으로 개개인의 취향까지 저격하는 초개인화^{hyper-personalization} 서비스가 가능한 슈퍼 플랫폼이 되었다. 토요타와 현대, 미쓰비시 UFJ 파이낸셜 그룹 등 글로벌 기업들이 그랩에 투자하거나 파트너십을 맺는 이유다.

04 | 인도네시아 공룡, 고젝에서 고투그룹으로

한때 방송 프로그램 「윤식당」이 많은 사람의 사랑을 받았다. 낯선 외국에서 식당을 열어 손님을 대접하는 내용이었는데, 첫 촬영지로 소개된 곳이 인도네시아의 롬복Lombok이었다. 정확히 말하면 롬복 근처에 있는 길리 트라왕안Gili Trawangan이라는 작은 섬이었다. 그동안 '인도네시아' 하면 발리를 떠올리는 사람이 많았는데, 이 방송이 끝난 뒤 롬복에 한국인 관광객이 크게 늘었다고 한다. 발리와 롬복을 품은 아름다운 섬나라 인도네시아로 여행을 가는 사람이라면 반드시 알아두어야 하는 앱이 하나 있다. 그 주인공이 바로 고젝이다.

인도네시아는 아세안 10개국 중 가장 많은 인구를 보유하고 있으며, GDP 기준으로 경제 규모가 가장 큰 나라다. 동쪽 파푸아섬에서 서쪽 수마트라섬 끝까지 동서 길이만 5100㎞에 달한다. 모스크바부터 런던까지의 거리보다 멀고, 미국 본토의 동서 길이보다 길다. 서울에서 자카르타까지 비행기로 7시간이 걸리는데, 이 거리가 5200㎞다. 동서로 얼마나 넓게 펼쳐져 있는지 상상해보라. 그곳에 무려 1만 7000개의 섬이 있고, 2억 7000만 명이 살고 있다.

엄청난 수의 사람이 매일 왓츠앱, 페이스북 메신저, 라인, 위챗으로 대화를 나누지만, 오토바이 택시를 부를 때, 마사지를 예약할 때 단 하나의 앱을 가동한다. 2억 명 이상의 사람이 매일 사용하는 앱, 방문자에게도 필수 아이템일 정도로 기본 장착 플랫폼이 된 앱이 고젝이다. 고젝은 인도네시아인들이 애용하며 자랑하는 최초 유니콘이 되었고, 인도네시아 최대 슈퍼앱 자리에 올랐다.

고젝은 늘 그랩과 비교된다. 그러나 이 둘은 비슷하면서도 다른 길을 걸어왔다. 고젝은 어떻게 인도네시아인들을 디지털 세상으로 이끌었을까? 어떤 혁신적인 서비스가 사람들의 마음을 사로잡았을까? 다른 슈퍼앱들과의 경쟁에서 어떻게 승리를 거둔 것일까? 미래에 어떤 가치를 더 창출하게 될까? 이러한 물음들에 답할 수 있다면, 아세안의 최대 시장 인도네시아의 미래를 조금이라도 예견해볼 수 있을 것이다. 지금부터 고젝이 걸어온 길 그리고 걸어갈 길을 살펴보자.

오토바이 택시, 오젝

인도네시아는 수많은 섬으로 이루어져 있어 육상교통 인프라 구축이 쉽지 않다. 인도네시아의 수도 자카르타가 있는 자와^{Jawa} 섬('자바 섬'이라고도 부른다)도 예외가 아닌데, 문제는 이 섬에 절반 이상의 인구가 살고 있다는 점이다. 자카르타는 서울보다 면적이 조금 크다. 그곳에 1000만 명이 몰려 있고, 수도권 인구까지 포함하면 3000만 명 이상의 사람이 몰려 있다. 전 세계에서 인구밀도가 높은 지역 중 하나다. 인구는 많은데 대중교통이 부실하니 늘 교통 체증으로 몸살을 앓고 있다. 그래서 인도네시아인들은 오토바이를 즐겨 탄다. 꽉 막힌 도로에 줄지어 있는 차량들 사이로 수많은 오토바이가 지나다니는 광경을 TV 등을 통해 본 적이 있을 것이다.

서민들은 자신의 오토바이를 직접 운전하기도 하고, 오토바이 택시를 이용하기도 한다. 허가를 받은 영업은 아니지만 주변을 둘러보면 손님을 태우기 위해 기다리는 오토바이를 쉽게 찾아볼 수 있다. 나는 1990년대 후반부터 자카르타에 드나들었는데, 동네마다 소위 영업용 오토바이가 즐비했다. 오토바이 택시나 그 운전자를 오젝^{Ojek}이라고 부른다.

오젝 시장은 운전자도, 이용자도 많지만 그때그때 현장에서 거래가 이루어지기 때문에 효율적으로 움직이지 않았다. 기사에게 미리 예약을 해놓아도 제시간에 나타나지 않는 경우가 많았고, 러시아워

▶ 인도네시아인들의 주요 교통수단인 오토바이 택시, 오젝

에는 오젝을 찾기조차 어려웠다. 청년 나디엠 마카림^{Nadiem Makarim}은
운전자와 이용자가 매번 대면으로 거래하는 것이 매우 비효율적이
라고 생각했다. 그는 고객에게 전화로 예약을 받고 기사에게 이를
연결해주는 시스템, 한국에서 대리운전을 호출하는 서비스와 동일
한 비즈니스 모델을 떠올렸다. 2010년 작은 콜센터와 20명의 오토
바이 기사, 이것이 고젝의 시작이었다.

드디어 나온 고젝앱, 오프라인에서 온라인으로

초창기 고젝은 앱을 기반한 디지털 서비스가 아닌, 콜센터를 기반한 전화 예약 서비스였다. 그 당시에는 인도네시아의 스마트폰 이용자 수도 적었고 데이터 이용 요금도 비쌌기 때문에 앱 기반 서비스는 너무 앞서가는 모델이었다. 그러나 시장 환경이 빠르게 변했다. 스마트폰 이용자도 하루가 다르게 증가했고, 통신사의 데이터 요금 패키지가 다양하게 출시되면서 인터넷 이용자도 빠르게 늘었다. 뿐만 아니라 우버와 그랩의 디지털 기반 서비스가 동남아에서 성공을 거두었다.

상황이 이러하니 나디엠 마카림도 온라인으로 눈을 돌리지 않을 수 없었다. 2014년 그랩은 이미 인도네시아 시장에 진입했고, 유니콘 반열에 올라섰다. 나디엠 마카림은 그랩의 창업자들에게 눈 뜨고 안방을 내줄 수 없었다. 다행히 그랩은 인도네시아의 주요 교통수단인 오토바이 택시를 취급하지 않고 있었다.

2015년 1월 드디어 고젝앱이 세상에 출시되었다. 서비스의 바탕을 오프라인에서 온라인으로 바꾼 것이다. 반응은 폭발적이었다. 하루가 다르게 가입자와 이용자가 늘어났다. 교통지옥에 갇혀 있던 사람들이 이제 스마트폰을 손에 쥐고 오토바이나 차량을 호출해 타고 다닐 수 있게 된 것이다. 고객도, 운전자도 기다림의 시간에서 해방되었다. 디지털 혁신이 개인의 일상생활에 밀착된 불편함을 해소해주고, 놀라운 경험을 선사한 것이다.

고젝은 서비스 지역을 인도네시아 대도시에서 중소도시로 빠르게 확장시켜나갔다. 그랩이 말레이시아의 작은 시장에서 벗어나 해

▶ 고젝의 앱 화면

외 진출을 감행했다면, 고젝은 자국 내에서의 지역 확장과 서비스 다양화라는 전략을 택했다. 해외시장에서의 경쟁보다는 2억 7000만 명이라는 아세안 최대 인구와 경제 규모를 가진 인도네시아 홈그라운드에서 충분히 스케일업을 이룰 수 있다고 판단한 것이다.

고젝의 시그니처 서비스, 고마사지

온라인으로의 전환은 한발 늦었지만, 그 후 고젝은 누구보다 신속하게 움직였다. 음식 배달을 해주는 고푸드GoFood, 장보기 서비스를 제공하는 고마트GoMart, 홈스파 마사지 예약을 도와주는 고마사

고젝 1일 예약 건수

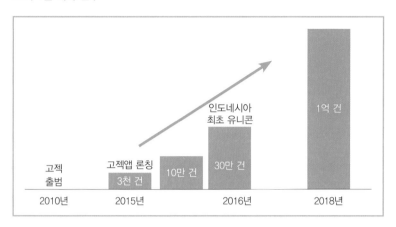

출처: 고젝

지 GoMassage 등 무려 20개가 넘는 서비스를 잇달아 론칭했다. 이러한 서비스들은 이미 미국과 한국, 중국에서 이용되고 있었으므로 고젝만의 혁신적인 서비스를 세상에 내놓은 것은 아니다.

2014년에 우버이츠가 등장했고, 2015년에 한국에서 배달의 민족 거래액이 전년 대비 58% 증가한 1조 원을 돌파했다. 이러한 흐름을 본 고젝이 이용자들이 새롭게 필요로 하는 서비스가 무엇일지 떠올리는 것은 어렵지 않았다. 그러나 기민하고 유연하게 대응하는 스타트업이었기에 가능한 비즈니스 확대 전략을 구사했다. 고푸드의 경쟁력은 최저 주문 금액이 없다는 것이다. 커피 한 잔도 배달이된다. 기온도 높고 비가 자주 내리는 데다 교통 체증이 심한 환경에서 원하는 것을 주문해 받아보는 편리한 경험을 해보면 이전의 불편한 생활로 돌아가기 어렵다.

고젝이 론칭한 서비스 중에서 인도네시아인들과 관광객들에게 사랑을 받고 있는 독특한 서비스는 바로 고마사지다. 마사지와 스파는 동남아의 유명한 관광 상품이자 일상의 즐거움이지만 집에서 이용하기 어렵고, 반드시 예약을 한 뒤 이동해 받아야 하는 서비스였다. 마수어(마사지사) 역시 특정 장소나 숍에 속해 있지 않으면 자신의 노동에 따른 수입을 버는 것이 불가능한 구조였다(물론 개인적으로 연락해 일대일 출장 서비스를 받을 수 있지만 시장 전체를 보면 일부 제한적 사례에 불과하다). 고젝은 이를 직접 연결해주는 온디맨드 서비스로 구조를 전환했다.

고마사지는 고객과 서비스 제공자 모두에게 환영받았다. 고젝앱에서 고마사지를 선택하면 마사지 종류와 마사지사의 성별, 시간

▶ 고젝의 마사지 서비스, 고마사지

등을 선택할 수 있어 고객은 원하는 서비스를 원하는 시간에 받을 수 있다. 마사지사들은 대부분 생활비를 벌기 위해 사회에 나온 여성들이다. 특히 자녀가 있는 여성들은 아이들을 돌보며 원하는 시간에 일할 수 있는 고마사지를 애용한다.

고젝이 론칭한 고푸드와 고마트, 고마사지와 같은 온디맨드 서비스는 실업자들과 구직자, 형편이 어려운 자영업자들을 온라인 플랫폼으로 이끌어냈고, 경제 활동의 장을 확대시켜주었다. 한국의 플랫폼들이 골목상권을 침해한다는 비난과는 사뭇 다른 평가다.

현금과 카드를 대체한 고페이

고젝을 한 단계 높은 지점으로 끌어올린 계기는 바로 고페이 론칭이다. 모바일 지갑과 디지털 결제를 담은 고페이는 2016년 고젝 앱이 등장한 이후 인도네시아에서 가장 편리하고 강력한 거래 수단으로 등극했다. 디지털 결제 방식은 미국과 한국, 중국에서 등장한 서비스였지만, 중국에서 가장 각광받았다. 신용카드와 온라인 계좌 이체가 보편적으로 사용되는 미국이나 한국과 달리 중국에서는 신용카드를 사용하기 어려웠기 때문이다. 인도네시아도 비슷한 상황이었기에 고젝은 재빨리 고페이를 도입했다. 동남아 시장을 석권해나가던 그랩은 1년 후에야 그랩페이를 내놓았다.

인도네시아에서 은행 계좌를 갖고 있지 않은 사람이 전체 성인의 절반에 이르는 상황에서 신용카드를 사용하는 사람의 비율은 그보다 훨씬 낮았다. 슈퍼마켓에서 물건을 사거나 오토바이 택시를 탈 때 현금으로 지불하는 경우에는 그나마 괜찮았지만, 온라인 게임이나 이커머스에서 제품을 구매할 때는 문제가 심각했다. 온라인 게임은 바우처를 구매하는 방식을 이용했고, 이커머스로 구매한 경우는 물건을 직접 확인한 뒤 대금을 지급했다. 물건을 받기 어려운 외딴 지역에서는 일괄적으로 수령해서 대납해주는 서비스가 생겨날 정도였다.

하지만 인도네시아 금융 산업 전체가 낙후되어 있다고 보기는 어렵다. 인구도 많고 면적도 넓은 인도네시아에는 무려 150개 이상의 은행이 운영되고 있다. 그러나 소득 수준이 낮은 사람들은 굳이 은행 서비스를 이용할 필요를 느끼지 못했고, 은행에서도 개인 신용 정보가 부족한 고객들에게 신용카드를 발급해줄 수 없었다. 보수적인 은행들은 느리게 움직였고, 디지털 전환도 더디게 진행되었다. 한국에서 카카오페이와 카카오뱅크가 시장을 흔들어놓을 때까지 기존 은행들이 쉽게 변하지 않았던 것과 유사하다.

전자상거래와 인터넷 경제 전반의 성장에 걸림돌이 되는 환경에서 디지털 결제를 앞세운 핀테크 업체들이 등장했지만 시장의 반응은 그다지 좋지 않았다. 이용자와 사용처를 불러 모으기 어려웠기 때문이다. 그러나 오토바이 서비스로 전국에 막대한 이용자를

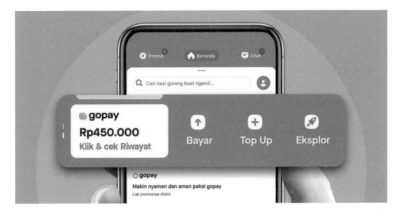

▶ 고페이

가진 고젝이 내놓은 고페이는 사정이 달랐다. 손쉽게 충전할 수 있었고, 다양한 서비스에 간편결제가 가능했다. 또한 수수료 없이 송금을 할 수 있었고, 무엇보다 고페이로 결제하면 할인을 받을 수 있었다. 게다가 디지털 결제 확산은 정부도 원하는 것이었다. 거래 투명성이 올라가 탈세를 막고 세금을 제대로 부과할 수 있기 때문이었다.

　고젝 플랫폼과 연결된 수많은 소상공인과 자영업자들도 고페이로 거래가 가능해지면서 온라인 세상에 한 걸음 더 가까워졌다. 대형 이커머스 플랫폼이나 슈퍼마켓 체인 등 유통업체들도 앞다퉈 고페이와 손을 잡았다. 고젝과 고페이가 인도네시아 디지털 생태계를 한 단계 업그레이드시켰다고 해도 과언이 아닌 셈이다.

피할 수 없는 경쟁, 슈퍼앱의 길

고페이의 안착으로 고젝은 인도네시아의 슈퍼앱으로 자리 잡았다. 오토바이와 차량 호출 서비스부터 핀테크까지 일상생활에 필요한 서비스를 고젝이라는 하나의 플랫폼에 모두 담았기 때문이다. 사실상 동남아 최초 슈퍼앱이라 할 수 있다. 그랩은 해외시장 확대에 집중하느라 고젝보다 한발 늦게 온디맨드 서비스 다양화를 추구했고, 모바일 지갑과 디지털 결제 기능을 갖춘 그랩페이도 고페이보다 늦게 출시했다.

하나의 플랫폼을 추구하던 고젝은 2017년 고라이프GoLife라는 별도의 앱을 론칭했다. 기존의 고젝앱에는 교통, 모빌리티 중심의 서비스만 남겨두고, 그 외 생활 밀착형 서비스들은 라이프 플랫폼인 고라이프에 모았다. 20여 개의 기능을 하나의 앱에 담기에는 포화 상태였기에 신규 서비스를 계속 투입하기 어려웠다. 고라이프에는 헬스케어 서비스 고메드GoMed와 비디오스트리밍 서비스 고플레이GoPlay 등 신규 서비스가 계속 추가되었다.

아무리 이용자가 많은 슈퍼앱이라 하더라도 모든 서비스가 잘되는 것은 아니다. 에어컨 수리와 세탁 서비스를 이용하는 사람은 생각보다 많지 않았다. 앱 화면 자리만 차지하고 수익이 발생하지 않는 서비스들은 제거 대상이 되었다. 고젝의 의사결정이 빠른 결과라고도 볼 수 있지만, 그만큼 시행착오도 겪은 셈이다.

고젝이 인도네시아에 집중하는 동안 그랩은 동남아 전역에서 시장을 확대해나갔다. 고젝은 위기감을 느꼈다. 누가 뭐래도 동남아에서 가장 큰 시장은 인도네시아이므로 그랩이 순순히 이 시장을 고젝이 점령하도록 놔두지 않을 것이 분명했다.

우버가 떠난 자리를 차지한 그랩은 오토바이와 차량 라이드헤일링 시장뿐 아니라 그랩페이와 그랩푸드를 앞세워 다시 한 번 대대적으로 인도네시아 시장 공략에 나섰다. 고젝은 가만히 앉아 시장을 내어줄 수 없었기에 지속적인 성장을 위해 해외시장 진출을 감행해야만 했다. 2018년 고젝은 해외시장 확대에 5억 달러를 쏟아붓겠다고 발표했다. 고젝은 베트남과 태국에서 겟Get과 고-비엣Go-Viet이라는 브랜드로 라이드헤일링과 음식 배달 서비스를 론칭한 뒤 싱가포르로 진격했다. 이미 시장을 점령한 그랩과의 경쟁은 피할 수 없었다.

포식자 고젝의 과감한 행보

고젝은 사업 확장을 위해 자체 개발을 하기도 했지만, 인수합병과 파트너십을 적극 활용했다. 2015년 앱 론칭 이래 엄청나게 빠른 속도로 스케일업이 이루어졌고, 서비스와 기능이 다양해진 만큼 소프트웨어와 데이터 처리 등 기술의 양적·질적 성장이 요구되었다.

그러나 고젝은 자체 인력만으로 R&D와 기술적 지원을 감당하기가 어려웠다.

고젝에 투자한 세쾨이어는 인수합병으로 해법을 찾으라고 권하며 인도 방갈로르의 소프트웨어 엔지니어링 회사 C42와 델리의 코드이그니션Codelgnition을 직접 소개해주었다. 2016년 고젝은 이 두 회사를 인수하고 방갈로르에 개발센터를 세웠다. 이후에도 인도 테크 스타트업인 레프트시프트Leftshift, 피안타Pianta, 에어씨티오AirCTO를 추가로 인수했으며, 모바일 앱과 헬스케어, AI 분야의 기술 축적을 추진하고 있다.

핀테크 시장에서 주도권을 잡기 위해 선택한 전략 역시 인수합병이었다. 라이선스 취득과 함께 기존 사업자의 네트워크를 통해 빠르게 시장을 확대할 수 있기 때문이었다. 2016년에 엠브이커머스MVCommerce를 인수해 고젝의 모바일 지갑 라이선스 문제를 깔끔하게 해결했고, 이듬해에 핀테크 기업 카르투쿠Kartuku, 미드트랜스Midtrans, 마판Mapan을 인수했다. 그랩페이가 인도네시아 핀테크 스타트업 쿠도를 인수해 시장을 치고 들어오자 기업 3곳을 인수하며 맞불을 놓은 것이다. 이후 그랩페이는 디지털 결제에서 소규모 대출과 할부 금융에도 손을 뻗쳤고, 모카를 인수하며 POS 사업에도 뛰어들었다. 뿐만 아니라 자고은행Jago Bank의 지분도 사들였는데, 이를 발판으로 디지털 뱅킹과 대출시장에 본격적으로 진출할 예정이다. 고페이의 가치는 이미 유니콘 반열에 올라선 것으로 보고 있다.

인수합병의 과감한 행보는 막대한 투자가 뒷받침되었기에 가능했다. 아세안 최대 시장인 인도네시아에서 입지를 굳게 다진 만큼 해외 투자자들의 펀딩이 밀려들었다. 글로벌 사모펀드인 KKR과 워버그 핀커스, 중국의 텐센트와 JD.com, 구글이 고젝에 투자했다. 구글의 경우 동남아 스타트업에 대한 최초 투자로 기록되었다. 2020년에 진행된 시리즈 F(스타트업 기업이 진행하는 첫 번째 투자 유치를 시리즈Series A라고 한다. 따라서 시리즈 F는 6번째로 진행한 투자를 의미한다)에서는 페이스북과 페이팔이 고젝에 총 375억 달러를 투자했다. 아세안 시장에서 고젝과의 파트너십을 통한 시장 확대를 목표로 한 것으로 추정된다.

파트너십은 고젝이 마찰을 최소화하면서 시장을 확대하기 위해 적극 활용한 전략이다. 라이드헤일링 시장은 어느 국가에서나 택시회사, 택시 기사와 마찰을 일으킨다. 인도네시아에는 블루버드Blue bird라는 최대 택시 사업자가 버티고 있었다. 그러나 블루버드는 소비자의 흐름이 라이드헤일링을 거부하지 못할 것임을 깨달았고, 2016년 고젝과의 협력을 발표했다. 그랩앱을 통해 택시를 예약할 수 있는 것과 마찬가지로 고젝의 고카GoCar를 통해 오토바이, 일반 차량, 택시를 예약할 수 있다.

고젝의 해외 진출 역시 현지 기업과의 파트너십을 통해 이루어졌다. 강력한 사업자 그랩이 시장을 점유한 상황에서 독자적인 진출은 감내해야 하는 투자 리스크가 너무 컸기 때문이다. 고젝은 태국에서 최대 은행인 시암커머셜뱅크Siam Commercial Bank의 투자를 받았고, 겟페이GetPay를 함께 키웠다.

장관이 된 고젝의 창업자

2019년 10월 '오토바이 하나로 인도네시아를 평정한 사나이'를 다룬 기사가 화제가 되었다. 고젝의 창업자 나디엠 마카림이 인도네시아 교육문화부 장관으로 임명되었다는 뉴스였다. 인도네시아의 장관 임명 뉴스가 한국의 신문과 소셜미디어에서 크게 화제가 된 것은 아마 처음이었을 것이다.

나디엠 마카림의 장관 지명은 인도네시아에서도 신선한 충격이었다. 2019년 4월 대선에서 재선된 조코 위도도Joko Widodo 대통령은 밀레니얼 세대를 대표하는 인물로 스타트업 경영자를 염두에 두었다고 한다. 그가 나디엠 마카림을 장관으로 지명한 이유는 무엇이었을까? 인도네시아에서 가장 성공한 데카콘의 창업자이자 경영자이면서 디지털 생태계를 변화시키는 데 있어 운전자들과 개별 노동자들을 무조건 온라인으로 밀어 넣는 것이 아니라, 그 환경에 적응하도록 교육시키고 새로운 일자리를 창출하는 데 크게 기여했기 때문이다. 나디엠 마카림의 경험이 국가 교육 시스템 전환 및 구축에 유용하리라 판단했을 것이고, 재선된 대통령의 정치적 입지와

> 인도네시아 교육문화부 장관이 된 고젝의 창업자, 나디엠 마카림

이미지 변신에도 도움이 될 것이라 판단했을 것이다.

　나디엠 마카림은 장관 취임사에서 5000만 명의 학생을 대상으로 한 정보·기술^{IT} 교육을 강조했고, 조코 위도도 대통령은 인재 육성 뿐 아니라 교육기관과 산업계의 가교로서의 역할에 대한 기대감을 표출했다.

　나디엠 마카림은 고젝을 떠나면서 공동 창업자인 케빈 알루위 Kevin Aluwi와 안드레 소엘리스티요Andre Soelistyo를 공동 CEO로 지명했다. 그가 언제 돌아올지는 모르지만 그동안 공동 경영 체제로 유지될 전망이다. 시장에서는 나디엠 마카림의 공백이 기업 경영에 큰 타격을 줄 것이라 보지 않는다. 새로 임명된 공동 CEO가 창업 초기부터 함께 일해왔기 때문에 고젝의 근본 전략이나 조직문화가 변화할 가능성이 크지 않을 것이라 예상되기 때문이다.

한국에서 스타트업 창업자가 장관이 되는 상황은 아직 상상도
할 수 없다. 카카오에 몸담았던 이용우 국회의원의 경우 170억 원
의 주식을 포기해야 했고, 장병규 의장 등 창업자들은 제4차 산업
혁명위원회와 같은 별도의 기구에서 조언자 역할을 하는 데 그쳤
다. 나디엠 마카림이 장관으로서 어떠한 성과를 낼지 두고 봐야겠
지만, 과감하고 신선한 선택을 한 대통령과 나디엠 마카림, 두 사람
모두 용기가 필요했을 것이다.

고젝과 토코페디아의 합병

2021년 고젝과 이커머스 유니콘 토코페디아가 공식적으로 합병
을 발표했다. 토코페디아는 2009년에 설립된 인도네시아 토종 전
자상거래 기업으로, 유니콘의 자리에 오른 회사다. 새로 탄생한 그
룹은 두 회사의 앞 글자를 따 고투그룹GoTo Group으로 명명했다.

2021년 6월 기준 고젝은 105억 달러, 토코페디아는 75억 달러의
기업가치를 갖고 있다고 평가되고 있으니, 합쳐서 180억 달러를 넘
어설 것으로 예상된다. 이 금액은 인도네시아 인수합병 역사상 가
장 큰 딜이며, 아시아 인터넷 서비스 회사 중 최대 규모로 기록됐
다. 미국의 경제 매체 CNBC는 '고투그룹은 인도네시아 국내총생산
GDP의 2%를 차지하게 된다. 30대 밀레니얼 세대 창업자들이 역사

▶ 고젝과 토코페디아가 합병되면서 '고투그룹'이 되었다.

를 새로 썼다'라고 평가했다.

　토코페디아의 창업자는 윌리엄 타누위자야 William Tanuwijaya 다. 타누위자야는 인도네시아 북수마트라주의 페마탕시안타르 Pematangsiantar 라는 소도시 출신으로 자카르타에 위치한 비나 누산타라 대학에서 정보통신 기술을 전공했으며, 통신 기업, 포털 기업 등을 거치며 소프트웨어 및 게임 개발자로 경력을 쌓았다. 부유하지 않은 학창 시절을 보낸 그는 대도시와 지방 소도시의 물건 가격 차이를 보고 전자상거래 기업 창업을 결심했다. 토코페디아라는 이름은 인도네시아어로 상점을 뜻하는 '토코'와 '백과사전 encyclopedia'을 합쳐 만든 것이다. 윌리엄 타누위자야는 창업은 했지만 돈이 없어 투자자들을 찾아다녔고, 마침내 25억 루피아(약 1억 9600만 원)를 투자받아 인도네시아 독립기념일인 8월 17일에 맞춰 토코페디아 사이트를 정식으로 선보였다.

글로벌 기업들은 동남아 최대 인구를 가진 인도네시아 시장에 관심을 가졌다. 이베이, 라쿠텐 등 글로벌 전자상거래 기업들이 너나 할 것 없이 뛰어들었고, 투자자들의 관심도 집중되었다. 토코페디아는 구글의 선택을 받기도 했으며, 동남아 테크 기업 중 최초로 일본 소프트뱅크와 세계 최대 벤처캐피탈 중 하나인 세콰이어캐피탈로부터 1억 달러의 펀딩을 받았다. 2017년에는 중국의 빅테크 알리바바가 11억 달러를 투자했다. 이후 알리바바는 경쟁사인 라자다(그 당시 동남아 최대 이커머스)를 인수했다.

연이은 대규모 투자를 받은 토코페디아는 고객 수를 늘리며 인도네시아 1등 이커머스로 자리 잡았다. 그러나 현재 토코페디아는 라자다가 아닌, SEA의 쇼피Shopee와 경쟁해야 하는 상황이다. 2020년 762만 명의 월별 방문자 수를 기록한 쇼피는 토코페디아의 717만 명을 앞서며 인도네시아 1등 자리를 차지했다. 후발주자인 쇼피가 아세안 시장에서 라자다와 토코페디아를 제친 성공 요인에 대해서는 이후에 더욱 자세히 설명하도록 하겠다.

고투그룹의 수장은 고젝의 공동 CEO 안드레 소엘리스티요가 맡을 예정이며, 토코페디아 사장 패트릭 카오Patrick Cao가 그룹 회장직을 맡는다. 고젝의 공동 창업자이자 CEO인 케빈 알루위가 고젝의 CEO를, 토코페디아의 창업자 윌리엄 타누위자야가 이커머스 CEO를 맡으며 계속해서 사업을 이끌어나갈 예정이다.

고젝의 대주주는 구글과 테마섹이며, 페이팔과 텐센트, KKR, 인도네시아 대기업 아스트라 인터내셔널 등이 투자했다. 토코페디아의 최대주주는 소프트뱅크이며, 2대 주주는 알리바바다. 소프트뱅크가 최대주주인 토코페디아와 고젝이 합병한 사례인데, 그랩이 우버의 동남아 영업권을 인수한 전략이 떠오른다.

고투그룹의 총거래액은 2020년 220억 달러 이상, 월간 활성 이용자 수는 1억 명 이상이다. 고투그룹은 앞으로도 베트남, 싱가포르, 태국 등 이미 고젝이 진입한 시장에 집중할 예정이며, 2021년 안에 미국과 인도네시아 이중 상장을 추진할 계획이다.

고젝은 토코페디아와 합병하기 전에 그랩과의 합병을 추진했으나 성사되지 않았다. 고젝은 그랩에 밀리고 토코페디아는 쇼피에 밀리자 합병을 통해 몸집을 불려 인도네시아 시장 경쟁에서 더 이상 밀려나지 않기 위한 전략적 선택을 내린 것으로 추정된다. 윌리엄 타누위자야는 두 기업의 합병에 대해 이렇게 말했다.

"아마존과 도어대시, 우버, 페이팔, 스트라이프를 합쳤다고 보면 된다."

특히 주식시장 상장을 앞두고 스케일도 키우고 글로벌 투자자들에게 시너지 효과를 어필할 수 있는 근거를 확실히 마련한 셈이다.

지금까지 고젝은 눈부신 성장을 이어왔다. 물론 2020년 팬데믹으로 오토바이와 차량 호출이 크게 감소했고, 각종 대면 서비스와 함께 고라이프를 중단시켜야 했다. 하지만 그럼에도 불구하고 통합된 고젝 플랫폼에서는 204개 도시 3600만 명의 사람이 매일 300만

건 이상, 매달 1억 건이 넘는 주문을 발생시키고 있다. 최근 3년간 전체 거래 대금은 1100배나 증가했고, 인도네시아 토종 이커머스 유니콘 토코페디아까지 품었다. 그랩에게는 없는 이커머스를, SEA 가 못 가진 라이드헤일링을 두루 갖춘 고투그룹의 미래가 궁금하지 않을 수 없다.

05 | 아세안 최대 기업, SEA

SEA^{Sea Limited}라는 기업명이 생소한 사람이 많을 것이다. SEA는 싱가포르 디지털 기업으로, 한국에는 크게 알려지지 않았지만 2020년 테크 기업들의 엄청난 성장세 속에서도 단연 주목받는 핫한 회사다. 지난 1년 6개월 동안 미국의 FAANG을 제치고 800%가 넘는 경이적인 주가 상승률을 기록했기 때문이다. 985억 달러의 시장가치를 기록한 SEA는 아세안 최대 기업으로 자리 잡았다.

SEA는 과연 어떤 기업이기에 이렇게 단숨에 아세안 최대 기업으로 평가받게 된 것일까? SEA가 그리는 미래는 어떤 모습일까? 지금부터 SEA가 만든 경이적이고 동화 같은 스토리를 살펴보자.

게임시장을 겨냥해 탄생한 가레나

SEA의 출발은 2000년 중후반 싱가포르의 게임회사 GG게임과 온라인 게임 포털 가레나^{Garena}로 거슬러 올라간다. SEA의 창업자 포레스트 샤오동 리^{Forrest Xiaodong Li}(이하 '포레스트 리')는 중국 톈진에서 태어나 상하이 자오퉁 대학^{上海交通大学}을 다녔고, 졸업 후 모토롤라와 코닝에서 경력을 쌓은 뒤 미국으로 건너가 스탠퍼드 대학 MBA 과정을 밟았다. 같은 학교를 다닌 여자 친구^{Ligian Ma}(지금은 부인이 되었다)의 졸업식에 참석한 포레스트 리는 스티브 잡스^{Steve Jobs}의 축사를 듣게 되었는데, 그때 "Stay hungry, stay foolish"라는 유명한 연설에 감명을 받고 창업을 결심했다. 특히 대학 시절 비디오 게

▶ SEA의 설립자 포레스트 리. 중국 출신으로 영화 「포레스트 검프」를 보고 '포레스트'라는 영어 이름을 지었다고 한다.

임에 빠져 새벽까지 게임을 즐겼던 샤오동 리는 얼마 지나지 않아 온라인 게임이 대세가 될 것이라 보고 게임회사에 대한 미래를 꿈꿨다.

포레스트 리는 졸업 후 여자 친구를 따라 싱가포르로 이주했고, MTV 네트워크에서 직장생활을 시작했다. 대출도 갚고 월세도 내야 했기에 바로 창업을 하지는 못했다. 그러다 얼마 후 그는 싱글 플레이어 게임 제품을 개발하는 GG게임을 설립해 창업에 발을 디뎠다. 그러나 엔젤 투자자들의 자금을 모아 시작한 첫 사업은 잘 풀리지 않았고, 회사는 금방 문을 닫게 되었다. 그를 믿었던 투자자들은 그에게 다시 한 번 기회를 주고 싶었다. 그렇게 100만 달러의 펀딩을 받은 포레스트 리는 다시 도전했고, 그 결과 SEA의 시작인 가레나가 탄생했다.

콘텐츠와 플랫폼 경쟁력으로 승승장구하다

포레스트 리의 두 번째 회사 가레나는 2009년에 출범했다. 가레나는 'global arena'의 줄임말로, 인터넷으로 세계의 많은 사람과 정보, 제품, 서비스를 연결하겠다는 의미다. 스티브 잡스의 영향을 담은 이름이다. 가레나는 첫 실패 경험을 교훈 삼아 게임 제작사가 아닌 퍼블리셔로 시작했다. 그리고 CTO 강예Gang Ye와 COO 데이비드

첸^{David Chen}을 불러들여 팀을 만들었다.

가레나는 미국 게임 개발사 라이엇 게임즈^{Riot Games}와 동남아 배급 라이선스 계약을 맺은 뒤 '리그 오브 레전드^{League of Legend, LOL}'를 출시했다. LOL은 대박을 터뜨렸고, 그 덕에 가레나는 출범 2년 만에 흑자를 냈다. 이때 가레나는 라이엇 게임즈의 주주 텐센트의 눈에 들었다. 텐센트는 가레나를 동남아 시장 파트너로 삼고 투자금을 쏟아부으며 1대 대주주가 되었다. LOL에 이어 '히어로즈 오브 뉴어스^{Heros of Newerth}', '피파 온라인 3'를 연달아 흥행시킨 가레나는 동남아에서 막강한 게임 퍼블리셔 자리를 확고히 다졌다.

가레나가 빠르게 시장 강자로 자리매김할 수 있었던 이유는 유저들이 좋아할 만한 게임, 즉 콘텐츠 자체 경쟁력 덕분이기도 하지만 '가레나 플러스'라는 플랫폼을 구축했기 때문이다. 가레나 플러스를 통하면 싱가포르 등 아세안 6개국과 대만시장에 동시다발적으로 게임 서비스를 제공할 수 있다. 이용자들은 어디서나 접속해 게임과 메신저를 즐길 수 있으며, 게임 아이템을 살 수 있었다. 한국의 게임 개발사에서 만든 '프린세스 메이커^{Princess Maker}'도 가레나 플러스를 통해 해외로 나갔다. 가레나 플러스는 온라인 게임 플랫폼이자 소셜 커뮤니티 플랫폼으로, 재미와 수익성, 시장 확장성을 갖춘 새로운 비즈니스 모델을 구축했다.

퍼블리셔와 플랫폼 사업자로 승승장구하던 가레나는 자체 게임 개발에 눈을 돌렸다. 2017년에 출시된 '프리 파이어^{Free Fire}'가 가레

▶ 가레나 스튜디오의 첫 작품인 프리 파이어

나 스튜디오의 첫 작품이다. 프리 파이어는 '배틀로얄Battle Royal' 스
타일의 모바일 게임으로, 시장에서 메가 히트를 기록했다. 마케팅
효과보다는 이용자들의 입소문이 흥행의 원동력이었다. 전 세계
100여 개 국가에서 서비스되는 프리 파이어에 1일 최대 1억 명의
유저가 접속했고, 2019년 다운로드 5억 회를 기록하며 구글 플레이
스토어에서 가장 인기 있는 게임으로 등극했다. 2020년 팬데믹으
로 게임 이용자가 크게 늘어난 상황에서 프리 파이어는 글로벌 다
운로드 모바일 게임 부분 1위 자리를 지켰다. 2021년 상반기에도
그 인기는 식지 않았다. 남미와 인도에서 모바일 게임 1등 자리를
유지하고 있으며, 미국 시장에서 '배틀그라운드Battle Grounds'를 제치
고 슈터게임 매출 1위를 기록했다.

　게임을 좋아하는 이들은 e스포츠에도 열광한다. 프로 선수들의

2020년 게임 다운로드 순위

1		프리 파이어(Free Fire)	–
2		서브웨이 서퍼(Subway Surfers)	+1
3		어몽어스(Among Us!)	+174
4		배틀그라운드 모바일(PUBG MOBILE)	−2
5		꿈의 정원(Gardenscapes-New Acres)	+19
6		헌터 어쌔신(Hunter Assassin)	+140
7		브레인 아웃(Brain Out)	+94
8		마이토킹톰 프렌즈(My Talking Tom Friends)	+New!
9		루도킹(Ludo King)	+8
10		타일즈 합(Tiles Hop: EDM Rush)	+1

경기와 각종 그룹의 매치도 즐겨보는데, 그 열기가 대단하다. 대회를 개최하고 방송으로 중계하는 것도 사업의 중요한 부분을 차지한다. 가레나가 대만에 스타디움을 세운 것도 e스포츠 시장이 급속하게 커지고 있기 때문이다.

전체 그룹 매출의 44.3%를 차지하는 가레나는 SEA의 전체 사업 부문에서 유일하게 수익을 내는 분야다. 향후에도 가레나의 매출과

▶ 대만의 가레나 스타디움

SEA 디지털 엔터테인먼트 이용자 수 증가 추이(단위: 백만 달러)

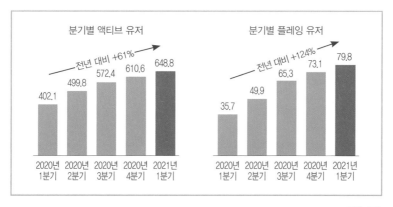

수익은 높은 성장률을 보여줄 것으로 예상된다. 프리 파이어가 엄청난 인기를 끌고 있으며, 게임이 가장 손쉽게 할 수 있는 엔터테인

먼트이자 강렬한 재미를 주는 콘텐츠라는 점을 고려하면 긍정적인
전망을 거둘 이유가 전혀 없다.

유저들을 위한 디지털 결제, 에어페이

가레나가 가진 또 하나의 비장의 무기는 바로 디지털 결제다.
2014년 가레나는 에어페이^AirPay^를 출시했다. 동남아 유저와 청소년
이용자들이 게임을 하면서 결제를 해야 하는데, 은행 계좌나 신용
카드가 없는 이용자가 많아 그들을 위한 3자 결제 시스템이 반드시
필요했다. 에어페이는 그랩페이와 마찬가지로 손쉽게 돈을 넣고 이
용할 수 있게 만들었다.

▶ 디지털 파이낸셜 서비스, 에어페이

에어페이는 가레나 유저들을 중심으로 빠르게 가입자 수를 늘려 갔다. 하지만 그 자체만으로는 한계가 있었다. 에어페이가 지금의 씨머니^{SeaMoney}라는 파이낸셜 서비스로 성장하는 데 결정적인 역할을 한 것은 가레나의 이커머스 참전이다. 이커머스 쇼피가 론칭되면서 쇼피페이^{ShopeePay}가 탄생했고, 게임과 이커머스, 핀테크라는 디지털 경제의 중요한 섹터를 품은 SEA 생태계가 완성되었다.

기업의 운명을 바꾼 이커머스

가레나를 유니콘 반열에 올려놓은 포레스트 리는 새로운 비즈니스 기회를 노리며 이커머스 시장에 눈독을 들였다. 6억 7000만 명의 인구가 점차 모바일 기반 디지털 경제로 이동하고 있다는 점을 고려하면 충분히 매력적인 시장이라 여겨졌기 때문이다. 그러나 라자다, 큐텐, 토코페디아와 같은 강력한 선발주자들이 혈투를 벌이고 있는 상황에서 후발주자가 발을 디딜 틈이 없다는 회의적인 시각이 지배적이었다. 그럼에도 포레스트 리는 과감하게 도전장을 던졌다. 그렇게 2015년 온라인 마켓플레이스 쇼피^{Shopee}가 싱가포르에서 첫 서비스를 시작했다.

선발주자들을 따라잡아야 하는 쇼피에게 가입자 수를 늘리는 스케일업은 무엇보다 중요한 과제였다. 싱가포르에서 머뭇거릴 시간이 없었기에 곧바로 말레이시아, 태국, 대만, 인도네시아, 베트남, 필리핀으로 시장을 확대해나갔다. 회사 이름도 가레나에서 동남아 Southeast Asia 의 약자인 SEA로 바꾸고 자신들의 정체성을 뚜렷하게 내세웠다.

이커머스 시장은 그야말로 전쟁터다. 적자를 감수하며 계속해서 새로운 이용자들을 끌어들여야 하고, 이용자들이 더 많은 물건을 구매할 수 있도록 다양한 판매자와 품목이 유입되어야 한다. 반품이나 불만 사항 처리에도 신경 써야 하고, 기존 고객들이 빠져 나가지 않도록 단단히 묶어둘 수 있는 편리한 시스템과 니즈에 맞는 프로모션, 추천 서비스를 제공해야 한다. 이커머스는 처음이었던 SEA에 대한 세간의 우려를 지우고 쇼피는 거침없는 질주를 시작했다.

후발주자에서 1등으로!

쇼피는 서비스 론칭 이후 매년 두 자릿수 이상의 성장률을 기록하며 설립 4년 만에 월 활성 이용자 2억 명이 넘는 동남아 1등 이커머스로 성장했다. 선발주자인 라자다를 제친 것이다. 2020년 특별 세일의 날인 9월 9일(9.9 세일)에는 한 시간 동안 1200만 개의 상품을, 11월 11일(11.11 빅세일)에는 24시간 동안 2억 개 이상의 상품

동남아 국가별 주요 이커머스 기업 순위(2020년 4분기 기준)

싱가포르

순위	기업명	국가	월 평균 방문자 수
1	쇼피	싱가포르	1409만 명
2	라자다(알리바바)	중국	856만 명
3	아마존	미국	687만 명
4	큐텐	한국	565만 명

베트남

순위	기업명	국가	월 평균 방문자 수
1	쇼피	싱가포르	6859만 명
2	모바일월드	베트남	3142만 명
3	티키	베트남	2226만 명
4	라자다	중국	2083만 명

말레이시아

순위	기업명	국가	월 평균 방문자 수
1	쇼피	싱가포르	4733만 명
2	라자다	중국	1477만 명
3	PG몰	말레이시아	708만 명
4	잘로라	룩셈부르크	112만 명

인도네시아

순위	기업명	국가	월 평균 방문자 수
1	쇼피	싱가포르	1억 2932만 명
2	토코페디아	인도네시아	1억 1465만 명
3	부칼라팍	인도네시아	3858만 명
4	라자다	중국	3626만 명

태국

순위	기업명	국가	월 평균 방문자 수
1	쇼피	싱가포르	5124만 명
2	라자다	중국	3853만 명
3	JD센트럴	중국·태국	220만 명
4	센트럴 온라인	태국	213만 명

필리핀

순위	기업명	국가	월 평균 방문자 수
1	쇼피	싱가포르	5189만 명
2	라자다	중국	3940만 명
3	아이허브	미국	3444만 명
4	잘로라	룩셈부르크	190만 명

출처: iPrice

을 판매하는 기염을 토했다. 가장 큰 시장인 인도네시아에서도 마침내 토종 이커머스 유니콘 토코페디아를 따돌렸다. 쇼피 트래픽의 29%가 인도네시아에서 나온다.

쇼피가 등장하기 전까지 아세안 이커머스를 대표하던 라자다는 2012년 독일의 로켓인터넷Rocket Internet이 설립한 온라인 마켓플레이스다. 로켓인터넷은 실리콘밸리에서 성공한 혁신 기업들의 비즈니스 모델을 이머징 마켓에 가져와 론칭한 뒤 매각하는 방식으로 성장했다. 그 사업 공식을 통해 아마존을 보고 동남아에 론칭한 이커머스가 바로 라자다다.

로켓인터넷은 적당한 시기에 엑시트exit를 노리고 있었고, 동남아 시장 확대를 노리던 중국의 알리바바는 라자다를 주목했다. 알리바바가 직접 진출을 도모하지 않은 것은 아니었다. 그러나 문화와 언어, 영업 방식이 다른 동남아 여러 국가를 공략하는 것은 천하의 알리바바에게도 쉬운 일이 아니었고, 효율적인 접근법도 아니었다. 인수를 통한 시장 공략을 택한 알리바바는 2016년 라자다를 10억 달러에 인수했다.

그 당시 라자다는 11번가와 쇼피를 크게 앞지르고 있었다. 싱가포르와 인도네시아 시장에서는 비록 큐텐과 토코페디아가 앞서고 있었지만, 여러 국가를 커버하지 못하는 상황이었으므로 비교 대상이 안 된다. 따라서 라자다가 쇼피에게 추격당할 것이라 예상한 사람은 거의 없었다. 오히려 막강한 자금력과 중국 시장에서의 네트워크, 성공 경험을 가진 알리바바의 지원으로 라자다가 시장을 장악할 것이라는 주장이 지배적이었다. 그러나 결과는 보기 좋게 예상을 빗나갔다.

라자다는 안 되고 쇼피는 되는 이유

라자다와 토코페디아보다 시장에 한발 늦게 들어온 쇼피는 어떻게 아세안 최고 이커머스로 성장할 수 있었을까? 이커머스나 플랫폼 비즈니스에서 '승자가 모든 것을 가져간다Winner Takes All'는 말이 경전처럼 쓰이고 있는 가운데 쇼피의 성공은 그야말로 경영학 사례 연구로 손색이 없을 정도다. 쇼피는 거대 이커머스 업체들이 파고들지 못한 지점을 파악하며 자신의 약점을 강점으로 전환하는 전략을 구사했다.

첫 번째 전략은 모바일 기반 최적화다. 미국과 한국이 인터넷-PC시대를 거쳐 모바일로 이동했다면, 중국과 아세안은 PC는 건너뛰고 바로 모바일로 점프했다. 모바일 립프로깅leap forgging(단번의 도약)이 일어난 시장에서 이용자들은 PC 기반 화면보다 모바일 앱 기반 서비스를 이용하는 게 편리할 수밖에 없다. 이커머스 플랫폼도 마찬가지다. 쇼피는 로딩 속도, 화면 크기, 한 번에 보여주는 상품의 개수, 결제 등을 소비자의 눈높이에 맞췄다. 현재 쇼피 전체 주문 건의 95%가 모바일 앱에서 이루어지고 있다.

두 번째 전략은 프로모션과 셀러 지원이다. 고객이 들어와도 살 물건이 없으면 장사가 될 수 없다. 또한 물건을 잔뜩 쌓아두고 있다고 해서 고객이 몰려드는 것도 아니다. 쇼피는 후발주자였기에 고객들을 끌어모으기 위해 무료 배송과 쿠폰 발행 등 프로모션에 돈을 쏟아부었다. 마켓플레이스 판매자들에게도 수수료를 낮춰주거나 무료로 해주었고, 등록 절차를 간소화하는 등 그야말로 공을 들였다. 온라인 판매가 익숙하지 않은 판매자들에게는 디지털 마케팅 기법을 적용할 수 있도록 친절히 안내해주었다.

이런 소문은 재빠르게 다른 판매자들에게도 전해졌다. 경쟁사에서 불편을 겪었던 판매자들과 고객들이 대거 쇼피로 이동했다. 신규 판매자들의 유입과 확대로 판매 상품과 고객들이 선택할 수 있는 제품 구성 옵션이 다양해졌다. 이는 거래 대금 증가로 이어졌고, 고객 만족과 편리한 경험을 배가시키는 마케팅, 그리고 프로모션으로 이어지는 선순환 구조가 만들어졌다.

한국에서도 쇼피 광고를 종종 접할 수 있는데, 주로 한국 셀러들에게 쇼피를 통해 해외 판매를 권하는 내용이다. 광고는 쇼피가 이용하기 매우 편리한 플랫폼 구조를 갖추고 있으며, 자체 데이터를 이용한 디지털 마케팅을 지원한다는 점을 강조한다. 반면 알리바바가 인수한 라자다는 내부 조직 정비와 조직문화 변화로 셀러 관리와 지원에 대한 집중력이 떨어지고 있다.

세 번째 전략은 철저하고 깊숙한 현지화, 즉 시장이 하이퍼 로컬
리제이션이다. SEA가 진출한 동남아 6개국과 대만은 모두 다른 언
어와 종교를 갖고 있고, 소득 수준 차이가 크다. 즉 시장이 문화적
으로도, 경제적으로도 균일하지 않다. 따라서 선호하는 색상이나
브랜드, 베스트셀러 상품이 다를 수밖에 없다.

일반적인 이커머스는 언어만 다르고 같은 포맷과 상품을 보여
주지만, 쇼피는 말레이시아, 인도네시아, 베트남, 태국 등 해외시
장에 진출하면서 각각 새로운 앱을 내놓았다. 즉 1개국 1앱으로 모
두 7개의 앱을 론칭했다. 대만에서 보는 쇼피앱과 인도네시아에서
보는 쇼피앱은 언어만 다른 것이 아니라 구성 자체가 다르다. 판매
자 입장에서는 7개 앱에 대응해야 한다는 불편함이 있다. 그래서
쇼피가 언어가 다른 시장에도 쉽고 편하게 접근할 수 있는 우대 정
책을 펼치고 있는 것이다. 셀러 역시 소비자 만족도와 취향 저격 측
면에서는 하이퍼 로컬리제이션 전략을 수용하지 않을 수 없다. 그
효과는 방문자 수와 거래 대금이 증명하고 있다.

네 번째 전략은 엔터테인먼트 마케팅을 통한 고객 참여와 록인
lock-in이다. 동남아인들의 평균 모바일 이용 시간은 1일 4시간 전후
로, 상당히 긴 편이다. 쇼피는 그들을 자신들의 앱에 묶어두는 방법
을 고민했다. 가레나 유저들이 무엇을 좋아하는지, 어떤 서비스에
환호하는지 이미 경험한 쇼피는 이를 이커머스에도 적용시켰다. 그

래서 탄생한 서비스가 쇼피챗과 쇼피피드, 쇼피라이브 등이다. 쇼피챗은 라이브 채팅을 통해 소비자와 판매자가 직접 대화를 나눌 수 있도록 했고, 쇼피피드는 쇼피앱 안의 소셜미디어 역할을 한다. 쇼피라이브는 스타와 셀럽을 쇼호스트로 내세워 제품을 소개하기도 하고, 콘서트나 팬미팅을 열기도 한다. 하루에 몇 시간씩 쇼피에서 시간을 보내도 지루하지 않게 만들었다. 프로모션과 이벤트를 홍보하는 채널을 자체적으로 구축한 셈이다.

다섯 번째 전략은 디지털 통합 생태계다. 가레나는 에어페이라는 자체 결제 시스템을 갖추고 있었고, 여기에 쇼피페이가 추가되

씨머니의 모바일 지갑을 이용한 결제 금액(단위: 백만 달러)

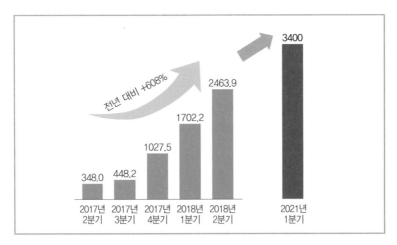

면서 씨머니라는 금융 서비스 섹터가 만들어졌다. 스마트폰만 있으면 쇼핑도, 게임도, 결제도 손쉽게 할 수 있다. 셀러 역시 배송과 결제 걱정 없이 쇼피 세상에 발을 들여놓기만 하면 된다. 'BNPL^{Buy Now Pay Later}'이라는 후불 할부 결제 시스템도 도입되었다. 쇼피와 가레나 이용자들이 씨머니로 결제할 수 있는 한도가 더 늘어났고, 회원들에게 맞는 금융 서비스를 제공하면서 SEA 생태계 내 시너지 효과가 극대화되었다. 성과는 수치로 확인된다. 씨머니의 모바일 지갑을 이용한 결제 규모는 2017년 2분기 3억 4800만 달러에서 2021년 1분기 34억 달러로 무려 10배나 증가했다.

FAANG을 제친
미국 주식시장의 슈퍼스타

2017년 SEA는 뉴욕 주식시장에 상장했다. 중국 텐센트가 투자한 기업, 동남아의 아마존, 알리바바와 텐센트를 합쳐놓은 기업, 동남아 테크 기업 중 최초로 미국 주식시장에 상장한 기업이라는 점에서 SEA의 상장은 큰 주목을 받았다. 그러나 그 시작이 화려하지는 않았다. 상장 첫날 주식은 8.4% 상승하며 16.26달러에 마감되었다. 당시 SEA 매출의 90%는 게임 부문에서 나왔고, 이커머스의 성장 가능성은 높았지만 미국이나 중국의 테크 기업에 비하면 매출 규

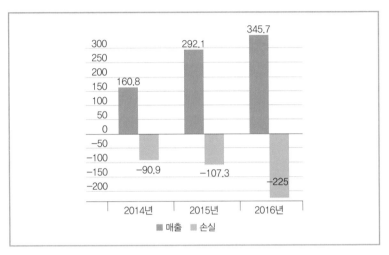

SEA의 매출과 손실(단위: 백만 달러)

출처: SEA

모가 현저히 적었으며, 이커머스 부문의 적자가 당분간 계속될 것이라는 전망이 있었기 때문이다.

SEA의 주가는 2018년까지 지지부진하다 못해 10달러대로 하락을 거듭했다. 하지만 2019년에 들어서면서 SEA의 주가는 반등을 시작했다. 프리 파이어가 모바일 게임 1등을 달성하는 대성공을 거두며 매출과 게임 부문 이익이 크게 늘어난 덕분이었다. 이커머스의 매출도 전년 대비 224% 증가했다. 이러한 성과에 힘입어 2019년 주가는 264% 상승했다.

2020년 팬데믹은 자본시장에 충격을 가했다. 하지만 테크 기업들, 소위 언택트 기업들의 주가는 큰 폭의 반전을 시작했다. SEA도 예외는 아니었다. SEA 사업 포트폴리오를 구성하는 3가지 분야 모두 동남아에서 성장이 이어질 뿐만 아니라 팬데믹으로 그 성장이 가속화될 것이라는 예상이 지배적이었다. 더군다나 SEA는 동남아 시장을 이끄는 기업으로 미국 주식시장에 상장한 유일한 유니콘 테크 기업이었기에 투자자들의 사랑을 받았다.

희망 섞인 전망만 투영된 것은 아니다. 실제 매출이 2배 넘게 급성장했다. 2020년 3분기 보고서에 따르면 2019년 3분기에는 매출이 6억 1000만 달러였으나 2020년 3분기에는 12억 1200만 달러로 치솟으며 99%의 증가율을 기록했다. 동남아 각국에서 봉쇄와 이동 금지 조치가 취해지면서 이커머스 거래가 173% 급증하며 SEA의 성장을 견인했다. 2020년 3분기 주문량은 전년 대비 131%, 주문 금액은 103%나 급증했다. 가레나 활성 이용자는 전년 대비 78% 증가하는 데 그쳤지만, 구매 이용자는 무려 124%나 증가해 6500만 명을 돌파했다. 씨머니의 모바일 지갑 결제 금액도 증가했고, 이용자 수도 1708만 명으로 늘어났다.

이러한 성과와 동남아 1등 이커머스에 대한 소위 주가꿈비율 PDR^{Price to Dream Ratio}이 반영된 SEA의 주가는 고공 행진을 거듭했다. 2020년 40달러로 시작한 SEA의 주가는 그해 마지막 날 199.05달러로 397%, 4배 가까이 치솟았다. 주가 비교 시작점을 어느 때로 정하느냐에 따라 달라지겠지만 2017년 SEA 상장 시점부터 계산한

SEA 주가 vs. 테슬라, 아마존, 애플의 주가

출처: 블룸버그

다면, 4년이 채 안 되는 기간 동안 SEA의 주가는 대략 1700% 이상 오른 것이다. SEA의 시가총액은 1588억 달러에 이른다. 한화로 180조 원이 넘는 금액이다. 한국을 대표하는 이커머스 쿠팡의 시가총액인 700억 달러보다 2배 이상 많다.

SEA는 2020년 주가 상승에 힘입어 동남아 기업 중 기업가치가 가장 큰 기업에 등극했다. 그동안 동남아 최대 기업은 싱가포르의 DBS^Development Bank of Singapore였지만, 시가총액이 585억 달러로 SEA의 3분의 1에 불과하다. SEA는 80년 넘는 역사를 가진 OCBC^Overseas Chinese Banking Corporation와 DBS를 단숨에 앞질렀다.

싱가포르 시가총액 TOP 5 기업(2021년 8월 20일 기준)

순위	기업명	시가총액
1	SEA(가레나) - 미국 상장	1663억 달러
2	DBS	585억 달러
3	OCBC	386억 달러
4	UOB	318억 달러
5	싱텔	284억 달러

이머징 마켓으로 전진

동남아 리딩 이커머스의 위치를 다진 쇼피는 더 넓은 시장을 향하고 있다. 그들이 주목하고 있는 시장은 라틴아메리카다. 이마케터eMarketer의 자료를 보면 쇼피가 라틴아메리카를 선택한 이유를 알 수 있다. 2019년 전 세계 리테일 이커머스 판매 성장률을 보면 아시아 태평양이 25%로 가장 높고, 그 뒤를 이어 남미와 중동·아프리카가 21.3%를 차지하고 있다. 그러나 시장 규모 면에서 성장률이 더 높은 멕시코 같은 국가가 남미에 포진해 있기 때문에 남미를 다음 공략 대상으로 삼은 것이라 예측된다. 더군다나 쇼피는 동남아를 기반으로 성장했고, 그만큼 이머징 마켓에서 고객의 니즈를 파악하고 편리한 경험을 배가시키는 자신들만의 경쟁력이 남미에서 통할 것이라 판단했을 것이다.

지역별 리테일 이커머스 판매 성장률

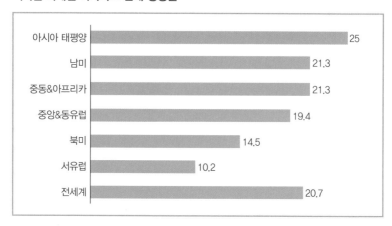

이커머스 판매 성장률 Top 10 국가(2019년 기준)

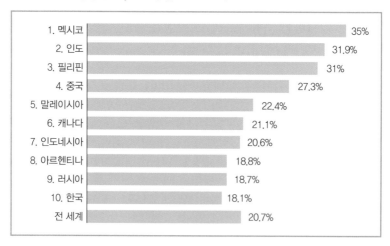

출처: eMarketer

* 결제 방법에 관계없이 모든 장치를 통해 인터넷으로 주문한 제품 또는 서비스 포함. 여행 및 이벤트 티켓, 청구
서 지불, 세금 또는 송금과 같은 지불, 음식 서비스 및 주점 판매, 도박 및 기타 부차적 판매는 제외

2019년 쇼피는 가장 먼저 브라질에 진입했다. 브라질은 남미에서 가장 큰 경제 규모를 가지고 있고, 그만큼 이커머스 시장 규모와 성장 가능성이 높은 시장이다. 그리고 2021년 2월 멕시코에 이어 6월 칠레와 콜롬비아에서 온라인 판매를 정식 오픈했다.

쇼피의 선택은 적중한 것으로 보인다. 2020년 AMI^{Americas Market Intelligence}와 유로모니터^{Euromonitor}는 전 세계에서 이커머스 성장률이 가장 높은 지역으로 동남아와 남미를 꼽았다. 팬데믹으로 인해 경제성장률은 마이너스를 기록했지만 이커머스는 플러스 성장을 했고, 2021년에는 20%에 가까운 성장률을 기록할 것으로 예상된다.

라틴아메리카 이커머스 시장 규모와 성장률(단위: 억 달러)

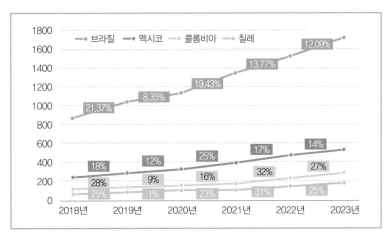

출처: AMI

라틴아메리카 이커머스 소비자 추이(단위: 백만 명)

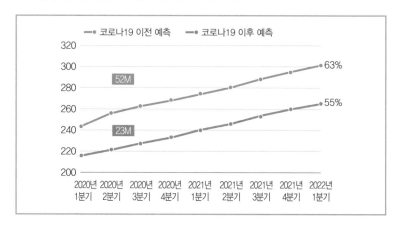

칠레의 경우 이커머스 시장은 매년 두 자릿수 성장률을 보였고, 2020년 3월 매출은 거의 300% 증가했다. 콜롬비아도 2020년 이머커스 매출이 전년 대비 30% 넘게 성장하며 시장이 대폭 커지고 있다. 고무적인 현상은 팬데믹으로 인터넷 쇼핑을 처음 이용한 사람이 늘었다는 것인데, 이들이 향후에도 계속해서 이러한 서비스를 이용할 가능성이 크다.

쇼피의 남미 진출 그 자체는 매우 합리적인 선택이다. 그러나 시장에 성공적으로 안착할 것인가는 전혀 다른 문제다. 남미의 대표 이커머스 메르카도리브레Mercado Libre가 굳건히 자리를 지키고 있고, 북미를 장악한 아마존과 칠레의 로컬 팔라벨라Falabella도 자신의 자리를 지키기 위해 노력하고 있다. 쇼피는 이들과 치열한 경쟁을 벌여야 한다.

쇼피는 이 지역에서 무료 배송으로 이용자 수를 늘리겠다는 전략이다. 동남아와 대만에서 이미 실시했던 방식이며, 앞으로의 마케팅 전략도 자신들의 성공 방정식을 그대로 적용할 것으로 보인다. 동남아와 마찬가지로 남미에도 소셜커머스를 이용하는 사람이 많고, 이용 시간도 길다. 그리고 프리 파이어의 인기도 높고 게임 이용자도 많다. 소셜미디어를 인앱으로 끌고 들어와 쇼핑을 엔터테인먼트로 만들었던 쇼피가 그 매서운 전략을 구사하기 좋은 지형이다. 아직까지 남미에서 이렇다 할 스케일업 성과를 보여주지는 못하고 있지만, 실망하기에는 이르다.

슈퍼앱이 되어야 해!

미국 주식시장의 스타가 된 SEA는 이커머스의 해외 진출보다 더 큰 그림을 그리고 있다. 포레스트 리는 슈퍼앱을 지향한다고 언급한 적이 없지만, 2021년 SEA는 본격적으로 슈퍼앱 야망을 드러냈다. 그들은 게임회사가 유니콘이 되었던 것과 마찬가지로 슈퍼앱 제국 건설 역시 텐센트의 전략을 그대로 밟을 것으로 보인다.

텐센트는 2020년에만 160개 이상의 스타트업에 투자했다. 금액

디지털 엔터테인먼트

Garena

이커머스

Shopee

디지털 금융 서비스

sea Money

으로 치면 120억 달러에 달하며, 전체 포트폴리오에 1200개 이상의 기업이 들어 있다. 절대적인 지분을 갖지 않는 정도의 투자를 통해 폭넓은 버티컬 라인을 구성하고, 그러면서도 개별 기업의 상대적 독립성을 유지하도록 하는 전략을 펼치고 있다. SEA도 씨 캐피탈 ᴸᵉᵃ ᶜᵃᵖⁱᵗᵃˡ을 세우면서 10억 달러 펀드를 조성했다. 그리고 전략적 파트너십을 통해 생태계를 구축하고 있다.

금전적 수익은 그다음이다. 텐센트가 위챗이라는 메시징 플랫폼을 통해 생태계를 구축하고, 미니앱을 통해 유저들에게 다양한 서비스를 제공한 것처럼 SEA 역시 더 많은 서비스를 앱 안에 끌어들이고 있다. 그러나 텐센트의 카피캣이 되지도 않을 것이고, 될 수도 없다. 동남아에는 중국 정부처럼 글로벌 기업들의 진출을 막는 장벽이 존재하지 않기 때문이다. SEA의 자체 경쟁력을 키우고 로컬의 특수성을 이해하는 접근법을 써야 한다.

　슈퍼앱을 노리는 SEA가 선택한 것은 디지털 뱅킹을 통한 파이낸스 부분의 강화와 푸드 딜리버리 진출이다. 그랩과 고투그룹이 점령한 분야로 전장을 확대한 것이다.

인도네시아 푸드 딜리버리 마켓에 후발주자로 뛰어든 쇼피

　SEA는 베트남의 스타트업 나우Now(구 딜리버리 나우)를 인수했다. 나우는 현재 베트남 음식 배달 부문에서 그랩과 1위를 다투는 업체로 성장했다. 그들은 베트남에 이어 인도네시아 시장을 겨눴다. 인도네시아는 동남아에서 제일 큰 시장이자, 그랩과 고젝의 힘겨루기가 가장 치열한 전장이다.

　SEA는 2021년 3월 쇼피푸드ShopeeFood를 론칭했다. 신규 사업으로 푸드 딜리버리 시장을 노렸는데, 이는 시장 상황 변화에 대응한 것이라 할 수 있다. 모멘텀웍스Momentum Works의 보고서에 따르면 2020년 팬데믹으로 푸드 딜리버리 시장의 거래액은 119억 달러에 도달했다. 전년 대비 183% 성장한 것이다. 시장 수요가 폭발적으로 증가했고, 소비자들의 행태가 변화했기 때문에 SEA가 이 시장에 후발주자로라도 들어가야겠다고 결정을 내린 것으로 보인다.

또 다른 이유는 쇼피가 인도네시아 시장에서도 1등 이커머스로 등극하면서 고객들을 푸드 딜리버리로 이동시킬 수 있다는 전략적 접근이다. SEA는 이커머스 부문에서도 후발주자였지만 마침내 1등 자리를 차지했고, 베트남에서 나우로 시장을 뒤흔든 경험이 있었기에 시장점유율을 늘릴 수 있다는 자신감이 작용했을 것이다.

디지털 금융에서도
경쟁력을 갖춘다면

2020년 12월 SEA는 싱가포르 금융 당국으로부터 디지털 뱅킹 라이선스를 받았다. 이는 모바일 지갑이나 페이먼트에서 소매 및 기업 금융 서비스를 할 수 있는 진정한 금융 사업자로 거듭났다는 의미를 갖는다. 기업 금융은 중소기업에 국한된다는 제약이 있기는 하지만, 카카오뱅크의 출현으로 밀레니얼 세대들이 손쉽게 금융 서비스에 접근할 수 있고, 대출이 편리해졌음을 생각하면 SEA가 디지털 뱅킹으로 영역을 얼마나 확장할지 쉽게 상상할 수 있다. SEA는 지점 하나 없이 쇼피 플랫폼을 이용하는 고객들에게 디지털 신용카드 발급부터 판매자와 중소기업을 상대로 하는 대출까지 모든 뱅킹 서비스를 제공할 수 있다.

금융 사업에서도 동남아 전역을 놓칠 수는 없다. SEA는 인도네시아 디지털 뱅킹을 위해 현지 은행인 BKE^{Bank Kesejahteraan Ekonomi, Bank} BKE를 인수했고, 인도네시아 금융 당국으로부터 승인을 받았다. 어느 나라나 외국 기업이 금융시장에 진출하기란 쉬운 일이 아니다. SEA는 까다로운 인도네시아 금융시장 진출을 위해 현지 은행을 인수하는 것이 가장 효율적이라고 판단했고, 디지털 뱅킹 전환을 목적으로 현지 은행을 인수했다. 말레이시아에서도 디지털 뱅킹 사업자 선정 심사가 진행 중이며, 5개 업체가 라이선스를 받게 될 것이다. SEA는 공식적으로 언급하지는 않았지만, 여기에도 참여한 것으로 추정된다. 최종 결과는 2022년에 발표된다.

금융의 디지털화가 글로벌 대세로 떠오르고 있고, 혁신 금융 서비스 시장의 성장 잠재력으로 인해 수십 개의 기업과 주정부가 경쟁 입찰에 참여하고 있는 것으로 알려져 있다. SEA가 싱가포르에 이어 인도네시아, 말레이시아에서도 디지털 뱅킹 서비스를 할 수 있게 된다면 SEA의 기업가치는 더 높이 치솟을 것이다.

물론 SEA의 성장을 의심하는 사람은 없지만, 수익성에 대한 의문은 여전히 남아 있다. 여러 테크 스타트업들과 마찬가지로 SEA 역시 수익을 내지 못하고 있기 때문이다. 순손실이 2019년 8억 9000만 달러에서 2020년 연말 기준 13억 달러로 늘어났다. 가레나를 일으켜 세운 게임은 표절 시비가 불거졌고, 국가마다 다른 쇼피의 7개 앱은 판매자들의 해외시장 진출에 걸림돌이 되고 있다. 또한 남미 시장에 마케팅과 프로모션 비용도 계속 투입되어야 한다.

금융 분야 역시 성장 기회가 많지만, SEA의 일방적인 승리를 점치기는 어렵다. 싱가포르 디지털 은행 허가는 SEA만 단독으로 받은 것이 아니다. 동남아의 슈퍼앱 그랩과 싱가포르텔레콤의 컨소시엄도 디지털 은행 풀라이선스를 받았고, 알리바바의 계열사 앤트그룹과 그린란드 홀딩스 컨소시엄은 중소기업을 대상으로 한 디지털 도매 금융 허가를 받았다. 말레이시아 시장은 아직 결과를 예단할 수 없고, 인도네시아에서는 고젝과 같은 로컬 경쟁자들과 겨루기를 해야 한다.

구글과 테마섹, 베인앤컴퍼니의 2020년 보고서에 따르면 동남아 인터넷 경제 규모는 2020년 1050억 달러이며, 2025년에는 3000억 달러를 돌파할 것이라고 내다봤다. 가장 큰 비중을 차지하는 것은 이커머스이고, 디지털 엔터테인먼트 역시 향후 5년 동안 규모가 15% 증가할 것으로 예상된다. 성장이 기대되는 분야를 모두 보유한 SEA가 디지털 금융에서도 경쟁력을 갖춘다면 그 위상은 더욱 높아질 것이다.

전 세계 테크 기업들이 주식시장을 이끌었던 2020년, 미국 시장에서 날아오른 SEA가 아세안 디지털 경제를 글로벌 관심사로 만들었다. 투자회사 번스타인Bernstein은 2021년 6월 보고서에서 SEA를 통해 동남아를 지배하는 테크 플랫폼 기업을 매수할 기회가 있다고 언급했다. 여전히 매력적인 기업이라는 뜻이다. 중국이 빅테크 플랫폼 기업들을 옥죄면서 동남아 테크 기업에 더 많은 기회가 돌아갈 수도 있다. SEA가 어디까지 진격할지 글로벌 투자자들의 기대가 증폭되고 있다.

PART 3

[슈퍼 앱 2부]

메신저에서
슈퍼앱으로

그랩과 고젝, SEA는 동남아에서 가장 먼저 슈퍼앱으로 향한 기업들이다. 그랩과 고젝은 라이드헤일링에서, SEA는 게임 플랫폼에서 출발해 아세안경제공동체를 기반으로 한 지역화에 성공했다. 그러나 슈퍼앱을 지향하는 플랫폼에 이들 기업만 있는 것은 아니다. 그랩과 고투그룹, SEA, 이 세 개의 테크 자이언트 외에도 슈퍼앱의 왕좌를 차지하기 위한 도전자들이 있으니 바로 태국의 라인과 베트남의 VNG다.

슈퍼앱 '빅 3'에 도전하는 라인과 VNG 두 기업의 공통점은 각각 태국과 베트남에서 압도적인 1등 메신저의 자리를 차지하고 있으면서 금융과 서비스 플랫폼으로 진화하고 있다는 것이다. VNG는 SEA처럼 게임회사로 출발했지만 잘로^{Zalo}를 베트남 국민 메신저 반열에 올려놓으면서 슈퍼앱의 길에 접어들었다.

그러나 라인과 VNG가 아직은 동남아 지역을 아우르는 슈퍼앱으로 빅 3과 같은 범주에 묶어 놓을 수는 없다. 이 두 기업의 서비스가 일상생활의 플랫폼으로 완전히 자리 잡은 지역이 1개 국가에 국한되어 있기 때문이다. 그랩은 동남아 8개국을, SEA는 6개국을 커버하고 있고, 쇼피는 대만과 남미까지 진출했으며, 고젝은 홈마켓인 인도네시아를 포함해 5개국에 진출해 있다. 이들과 비교해서 라인과 VNG는 아세안경제공동체를 기반으로 한 슈퍼앱으로서는 아직도 갈 길이 많이 남아 있다.

그럼에도 불구하고 우리가 라인과 VNG를 슈퍼앱으로 살펴볼 이유는 충분하다. 왓츠앱이 휩쓸고 있는 동남아에서 라인과 VNG는 누구도 넘볼 수 없는 태국과 베트남에서의 압도적인 메신저 지위를 기반으로 슈퍼앱의 기회를 잡았고 미래 성장 기회가 크기 때문이다. 한국의 카카오를 생각해보자. 카카오가 한국 내에서만 많이 쓰이는 메신저임에도 불구하고, 압도적인 이용자 수를 기반으로 신규 비즈니스를 지속적으로 추가해왔고 수익을 극대화하고 있다. 내수시장에서의 탄탄한 기반은 과감하게 새로운 시도를 해볼 수 있도록 만들며 공격적인 해외 진출도 지원할 수 있다. 그만큼 '1등 메신저'의 힘이 크다. 반면에 그랩과 고투그룹, SEA는 별도의 메신저를 갖고 있지 않다. SEA에 커뮤니티 채팅 기능이 있지만, 앱 내에서만 사용될 뿐이다.

라인과 VNG는 어떻게 태국과 베트남에서 메신저 시장을 석권하며 대표 플랫폼으로 성장했는지, 그리고 이들이 지향하는 슈퍼앱 전략은 무엇인지 두 기업의 성장 스토리를 알아보자.

06 | 태국의 국민 필수 슈퍼앱, 라인

라인은 한국의 네이버가 일본에서 론칭한 앱이다. 카카오톡과 같은 메신저로, 한국과 일본에서 시작해 동남아 시장으로 진출했다. 메신저 특성상 상대가 나와 같은 메신저를 사용해야만 이용도가 높다. 한국에서는 카카오톡이 라인에게 쉽게 자리를 내주지 않았지만 일본과 미국, 태국, 인도네시아에서는 라인이 대표 메신저로 자리 잡았다. 특히 태국에서는 1등 메신저로 등극했는데, 스마트폰에 라인앱을 깔지 않은 사람을 찾아보기 힘들다.

라인은 태국의 국민 메신저로 자리 잡으면서 페이먼트, 배달 등 다양한 서비스를 제공하는 슈퍼앱 전략을 실행했다. 메신저 시장에서 자리 잡지 못했다면 슈퍼앱은커녕 필수 앱의 자리 근처에도 가지 못했을 것이다.

라인이 어떻게 태국인들의 마음을 사로잡았는지, 어떻게 다른 시장보다 태국에서 큰 성공을 거둘 수 있었는지 알아볼 차례다. 그리고 라인이 그리는 미래와 선발 슈퍼앱들과의 필승 경쟁 전략은 무엇인지 하나씩 들여다보자.

태국 메신저 시장을 잡아라

앞서 이야기했듯 라인은 네이버에 의해 일본에서 출발했다. 라인은 본래 소셜 네트워크 서비스로 기획되었지만, 2011년 3월 동일본 대지진이 발생했을 때 일본 사회에서 전화 연결을 대신할 커뮤니케이션 수단의 필요성이 대두되면서 메신저로 방향을 바꿨다. 일본 소비자들도 모바일 메신저를 받아들였다. 이러한 배경에서 탄생한 라인은 단숨에 일본 국민 메신저 반열에 올랐다. 한국의 네이버가 만들었지만, 처음부터 일본에서 시작했기에 많은 일본인이 라인을 일본 회사가 만든 메신저로 인식하고 있다.

일본 시장을 장악한 라인은 2013년 대만과 태국, 인도네시아로 영역을 넓혀갔다. 라인은 네이버가 처음부터 세계 시장을 겨냥하고 일본에서 론칭한 것이기에 당연한 선택이었다. 특히 대만과 태국에

▶ 태국의 1등 메신저로 등극한 라인

서는 일본 브랜드에 대한 선호도가 높았고, 인도네시아는 2억 7000
만 명 이상의 인구를 가진 큰 시장이기에 결코 놓칠 수 없는 나라
였다.

　2013년은 너도 나도 메시징 서비스로 경쟁하던 시기였다. 메신
저 시장에서 유리한 고지를 점유하면 다양한 부가서비스를 연결시
켜 비즈니스를 확장할 수 있었기 때문이다. 태국에서는 왓츠앱과
카카오톡, 위챗 등이 격돌하고 있었다. 라인은 출시 직후부터 빠르
게 시장에 침투했다. 메신저 시장에서 후발주자가 1위 자리를 차지
하는 것은 매우 어렵다. 그런데 라인이 그 힘들다는 일을 해냈다!
그것도 대단히 짧은 기간에.

1년 만에 시장점유율 90%, 국민 메신저 '라인' 없이 못 살아

라인이 시장에 진입했을 때 태국에는 유선 인터넷 가입자보다 스마트폰 이용자가 더 많았다. 동남아의 인터넷이 무선의 시대로 건너뛰는 립프로깅이 일반적이라는 점을 상기해보면 당연한 수치다. 그 당시 삼성과 애플의 스마트폰도 많이 팔리긴 했지만 중국산 저가 스마트폰이 시장에 빠르게 퍼지고 있었고, 휴대폰 데이터 요금제가 다양하게 출시되어 모바일을 통한 인터넷 이용이 급속하게 증가했다.

라인은 스마트폰 이용자가 급증하는 시장에 젊은이들이 좋아하는 이모티콘을 진입 전략 선두에 내세웠다. 자체 이모티콘도 있었지만, 이용자들이 직접 만든 캐릭터를 가지고 이모티콘을 제작, 판매할 수 있게 했다. 다른 메신저에서는 찾아볼 수 없는, 이용자들의 감성과 개성을 자극시키는 도구였다.

무엇보다 가장 인기 있는 서비스이자 라인 성장의 1등 공신은 역시 게임이었다. 이용자들은 '쿠키런'과 '모두의 마블(태국에서는 'LINE Let's Get Rich'라 부른다)'에 열광했다. 2013년 3월에 출시된 이후 수개월간 태국 인기 게임 1위 자리를 놓치지 않은 '쿠키런'은 모바일 게임시장 자체의 파이를 키웠다는 평가를 받았다. '모두의 마블'은 태국에서 2년 연속 '올해의 게임'으로 선정되었다.

라인의 분기별 이용자 수(단위: 백만 명)

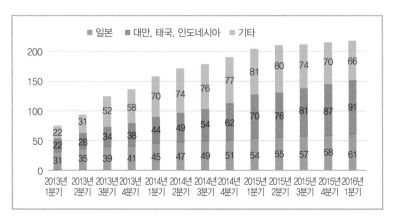

출처: Counterpoint

많은 태국인이 TV 프로그램을 모바일로 시청한다는 점을 재빨리 간파한 라인은 진출 국가 중 가장 먼저 태국에 라인TV를 출시했다. 태국의 가장 큰 미디어 그룹인 GMM과 공동 제작한 독점 콘텐츠, 그리고 워크 포인트Work Point를 비롯해 10개 이상의 영상·애니메이션 제작사와의 제휴를 통해 기존에 방영되었던 인기 프로그램을 라인TV로 제공했다.

그 후에는 음원 스트리밍 서비스인 라인뮤직LineMusic도 내놓았다. 태국인들이 좋아하는 아이템과 서비스가 가득한 라인에 많은 사람이 몰려들기 시작했다. 메신저는 초기에 유저를 모으기가 어렵지만, 힘을 받으면 급증하기 시작한다.

라인이 태국에 진출한 지 1여 년 만에 전체 인구의 절반에 가까운 3300만 명이 라인을 사용했다. 스마트폰 보급률을 고려하면 라인의 모바일 메신저 시장점유율은 90%를 상회한다. 진정한 국민 메신저라고 봐도 무방하다.

일상 속을 파고드는
전방위 플랫폼으로 도약하다

메신저 시장 1위를 차지한 라인의 경쟁력은 다른 메신저앱들이 갖추지 못한 동영상, 음원 서비스와 같은 콘텐츠였다. 여기에 라인페이Linepay와 기프트숍, 웹툰을 추가로 론칭했다. 라인TV가 독점으로 내놓은 드라마 「호르몬즈Hormones」 시리즈는 시청자 뷰가 1억 8000만 건을 돌파할 정도로 큰 인기를 끌었다. 라인페이는 출시 1년 만에 150만 명의 회원을 확보했다. 이로써 많은 태국인이 집에서는 물론 이동하면서도 라인 플랫폼에 바짝 붙어 있게 되었다.

통계에 따르면 사람들은 평균 39개의 앱을 스마트폰에 설치하지만 17개 정도만 사용한다고 한다. 라인은 단순한 메신저에 머물지 않고 이용자들에게 생활밀착형 서비스를 제공하면서 문화와 마케팅을 연결하는 '일상 속 플랫폼'이 되고자 했다.

라인은 플랫폼에서 마케팅 서비스를 활성화하는 데 집중했다. 기

▶ 라인TV 독점 드라마로 인기를 끈 「호르몬즈」시리즈

업들이 필요로 하는 플랫폼, 원하는 솔루션을 제공하는 데 중점을 두었다. 그 대표적인 결과물이 라인애드^{Line Ad}와 기업용 라인 스티커다. 라인애드는 태국에서 가장 효율적인 마케팅 수단으로 사용되고 있다. 던킨도너츠는 라인애드 플랫폼에서 6개들이 도넛 한 상자를 사면 한 상자를 더 주는 쿠폰을 배포하는 프로모션을 진행했다. 그 결과 던킨도너츠는 일주일 만에 45만 명의 팔로어를 확보했고, 8일 만에 1400만 바트, 한화로 약 4억 6000만 원어치의 도너츠를 팔아치웠다. 라인애드의 힘이었다.

라인은 기업이 라인 공식 계정을 만들고 친구를 맺거나 제품을 구매하면 그 회사의 라인 스티커를 다운로드할 수 있는 서비스를

라인 스티커의 성장 추이(단위: 세트[스티커세트 개수])

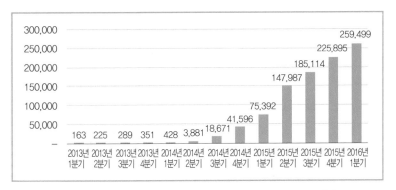

내놓았다. F&B 대기업 싱하Singa, 이동통신사 AIS, 트루무브TrueMove, 타이항공의 라인 스티커는 다운로드 수가 100만 건을 훌쩍 넘길 정도로 인기를 끌었다. 적은 비용으로 효과를 극대화시키는 획기적인 마케팅 방식에 기업들은 환호성을 질렀다.

소비자들에게 친숙하게 다가갈 수 있고, 이들이 지속적으로 관여할 수 있는 통로로 활용되고 있기에 250여 개 브랜드와 기업들이 라인의 기업 공식 계정을 열고 운영 중이다. 기업뿐만이 아니다. 태국 왕실과 경찰도 라인 공식 계정을 사용한다. 라인이 보편적인 커뮤티케이션 채널로 등극하며 소셜미디어 기능을 담당하게된 것이다.

라인맨 불러봤니?
모바일 O2O 플랫폼

2016년 방콕에서 열린 라인의 기자회견장에 라인 캐릭터가 그려진 녹색 점퍼를 입고 녹색 헬멧을 쓴 남성이 등장했다. 그의 손에는 꾸러미가 하나 들려 있었는데, 이를 라인 태국 법인 대표인 아리야 바노미옹Ariya Banomyong에게 전달했다. 라인은 라인맨LineMan의 시작을 이렇게 알렸다.

라인맨은 선물 배달이나 음식 배달 같은 심부름을 해줄 도우미를 라인앱으로 호출하는 O2O(온오프라인 연계) 서비스로, 태국에서 가장 먼저 출발했다. 태국인들은 길거리 음식을 선호하는데, 배달이 가능한 음식점은 전체 10%에 불과하다. 라인맨은 '덥고 차도 막히는데 집에서 길거리 음식을 맛볼 수 있는 방법은 없을까' 고민하던 끝에 탄생한 서비스다. 라인은 이 서비스를 구현하기 위해 태국의 최대 레스토랑 리뷰 검색 플랫폼 윙나이Wongnai, 그리고 홍콩 기반 배송 서비스 스타트업 라라무브Lalamove와 파트너십을 맺었다.

음식 배달 부문만 보자면 태국 내 최초 서비스 사업자는 딜리버리 히어로의 푸드판다Foodpanda다. 푸드판다는 2012년에 태국 시장에 진출했으나 그때는 시장 규모가 미미했고, 성장률도 높지 않았다. 음식 배달 서비스 시장이 커지기 시작한 것은 라인맨이 출시된 2016년부터다.

태국 음식 배달 서비스 시장 규모(단위: 백만 달러, %)

	2014년	2015년	2016년	2017년	2018년
시장 규모	1719.9	1741.0	1884.3	2199.5	2599.9
증감률	1.4	1.2	8.2	16.7	18.2

출처: 유로모니터

푸드판다는 먼저 시장에 진입해 자리를 잡았지만, 배송 시간이 너무 길고 서비스 제안 거리가 있는 데다 선택할 수 있는 식당 수도 많지 않았다.

그에 비해 라인맨은 윙나이를 이용해 주문할 수 있어 선택의 폭이 훨씬 넓었다. 또 라인페이를 이용해 수월하게 결제할 수 있다는 장점이 있었다. 라인맨의 월 이용자 수는 1년 만에 2배 가까이 증가해 50만 명에 달했고, 2018년에는 150만 명을 돌파했다. 배달 가능한 식당도 2만 개에서 4만 개로 증가했다. 태국 경제가 침체기를 겪으면서 오히려 집에서 음식을 주문해 먹는 사람이 늘어난 것도 라인에게는 기회로 작용했다. 라인맨 음식 주문에서 상위에 오른 메뉴는 팟타이(쌀국수), 카우 팟 무(돼지고기 볶음밥)와 같은 서민 음식이었다.

라인맨은 태국의 최대 편의점 체인인 세븐일레븐, 그리고 우체국과의 협업으로 특송 서비스를 제공하고 있으며, 방콕 택시협동조합과 계약을 맺고 택시 호출 서비스도 시작했다.

▷ 2016년에 출시된 라인맨. 라인맨은 푸드 딜리버리, 택시 서비스, 우편 서비스를 해준다.

태국인의 마음을 사로잡은 문화화

라인은 한국에서는 성공을 거두지 못했지만, 일본과 태국, 대만에서는 단시간에 1등 메신저 자리를 차지했다. 특히 태국에서는 모바일 포털 역할을 수행할 정도로 생활 속에 깊숙이 파고들었으며, 기업들이 가장 선호하는 마케팅 파트너로 성장했다. 라인이 태국에서 성공한 이유, 라인만의 경쟁력을 묻는 질문에 신중호 라인 최고글로벌책임자CGO는 이렇게 답했다.

"라인 해외 진출 성공 전략은 '현지화'를 넘어선 '문화화culturalization'

다. 그 나라 음식을 먹고 그 나라 말을 하는 사람들의 이야기를 들어야 한다. 내부에서는 해외 진출에 대해 '로컬리제이션^{Localization}'이란 말 대신 '문화화'라는 말을 만들어 쓴다."

라인은 자신들의 홈페이지에도 문화화를 공식적으로 언급했다.

'보편적인 접근 방식에 기반한 세계적으로 표준화된 서비스에 안주하기보다는 이용자를 매우 심층적으로 참여시키고, 각 지역에서 진화하기 위해 각 국가의 문화와 규범을 존중하는 것이 필수적이라고 생각한다. 우리는 이것을 문화화라고 부른다.'

라인은 현지 법인이 직접 서비스 기획부터 운영까지 총괄하는 체계를 수립하고 현지인들의 정서와 니즈에 맞는 서비스를 생산, 제공하면서 라인의 문화화를 수행하고 있다. 본사의 영향에서 벗어나 현지 독립성을 철저히 인정하고 현지인들의 정서까지 고려한다는 점에서 로컬라이제이션을 뛰어넘는 문화화는 라인이 새롭게 정의한 개념이다. 그랩의 하이퍼 로컬라이제이션과 일맥상통하는 접근법이라고 볼 수 있다.

'쿠키런'과 '모두의 마블'은 태국 정서에 알맞다는 현지 직원들의 의견을 받아들여 론칭했는데, 결과는 대박이었다. 라인 스티커도 현지에서 10차례 이상 시안을 검토하고 태국인들만의 특유의 제스처와 정서를 담은 모습으로 뜨거운 반응을 이끌어냈다. 라인맨 역시 현지 직원들의 아이디어로 탄생했다. '라인의 문화화'가 그 힘을 제대로 증명해냈다.

유튜브와 구글을 제친
라인의 막강한 브랜드 파워

영국의 여론조사기관 유고브^{YouGov}는 매년 브랜드 인덱스 순위를 발표하는데, 2016년 태국에서 페이스북이 1위, 라인이 2위를 차지했다. 라인이 태국에서 가장 막강한 세븐일레븐과 글로벌 파워를 가진 유튜브, 토요타, 구글을 모두 제친 것이다. 2018년에도 라인은 페이스북에 이어 2위를 차지했으며, 브랜드 추천지수에서는 1위를 차지했다.

라인은 명실상부 태국 국민 플랫폼이라 해도 과언이 아니다. 문화화 전략으로 태국인들의 마음을 파고든 결과라고 볼 수 있다. 나아가 '주변에 추천하겠는가'라는 평가에서도 가장 높은 점수를 받은 것을 보면 고객들의 충성도도 깊다고 볼 수 있다. 브랜드 이미지와 충성도가 높다는 것은 라인이 어떤 서비스를 새로 추가하더라도 이미 신뢰가 쌓였기에 이용자를 끌어들이기가 더 쉽다는 말이다. 이러한 신뢰는 무엇보다도 큰 자산이다.

태국인들은 외국 기업인 라인을 경계하기보다는 자신들의 기업으로 인식하고 있다. 라인으로서는 '문화화에 기반한 글로벌 라인'이라는 목표를 충분히 달성했다고 볼 수 있다. 하이퍼 로컬라이제이션 전략이 그랩을 아세안 슈퍼앱으로 만들었듯, 문화화 전략이 라인을 태국의 슈퍼앱으로 만들었다.

2018년 태국의 브랜드 인덱스 Top 10 기업

순위	기업명	점수
1	페이스북	60.3
2	라인	57.7
3	유튜브	56.1
4	구글	49.4
5	라자다	46.3
6	테스코 로터스	43.2
7	나이키	41.6
8	세븐일레븐	41.4
9	토요타	41.3
10	아디다스	40.6

출처: 유고브

너도 성공한 크리에이터가 될 수 있어!

라인 스티커에는 개인이 직접 창작한 캐릭터와 이모티콘이 많다. 누구나 자신이 디자인한 스티커를 판매할 수 있는 온라인 플랫폼 크리에이터스 마켓Creators Market 덕분이다. 개인과 기업 누구나 라인 계정이 있으면 크리에이터로 등록할 수 있다. 창작 스티커를 등록하면 사전 심의를 거친다. 심의를 통과한 스티커는 라인스토어에서 판매할 수 있고, 판매 수익의 50%는 창작자에게 돌아간다.

태국에서 라인 크리에이터스 마켓이 오픈되자 관심이 폭발했다.

▶ 누구나 자신이 디자인한 스티커를 판매할 수 있는 라인 크리에이터 마켓

캐릭터를 좋아하는 태국인들은 라인 스티커를 많이 사용하는데, 직접 만들 수도 있고 그것으로 돈도 벌 수 있다니 흥하지 않을 이유가 없었다. 2014년 5월 마켓이 문을 연 뒤 이용자들이 나날이 증가해 2015년 8월 등록된 스티커는 10만 세트가 넘었다. 일본 마켓보다 더 많이, 더 잘 팔려나갔다.

라인은 태국 창작자들을 독려하고 성장을 가속화하기 위해 캐릭터 콘테스트를 개최하기도 하고, 신진 인기 작가를 선정하는 이벤트를 열기도 했다. 일종의 스티커 디자이너 오디션을 연 것이다. 잘나가는 크리에이터는 스티커 판매로 방콕 시내 집 한 채 값을 벌었다고 인터뷰하기도 했다. 재능 있는 작가들이 쏟아져 나왔는데, 당시 출판 만화계가 쇠락하면서 스티커 디자이너로 변모했기 때문이라는 분석도 있다.

마켓의 인기는 금세 시들지 않았다. 10만 명이 넘는 사람이 마켓에 자신들의 창작물을 올려놓고 대박의 꿈을 키워나갔다.

라인페이에서 라인뱅크까지

슈퍼앱의 핵심 요소 중 하나는 페이, 디지털 결제다. 라인도 라인페이를 갖고 있었지만, 라인 밖에서도 쓸 수 있어야 라인 생태계 확장이 가능했다. 따라서 네트워크를 가진 사업자와의 협업이 필요했다. 태국 라인페이는 태국 최대 선불카드 래빗Rabbit을 보유한 BTS그룹과 함께 래빗 라인페이Rabbit LinePay라는 합작법인 형태로 출발했다. 라인페이는 4000개 이상의 가맹점에서 사용할 수 있고, 특히 태국의 지상철 BTS를 탈 때 사용할 수 있어 가입자 수가 늘어났다.

라인페이가 처음 등장했을 때에는 태국 정부가 온라인 결제 부문 확대를 위한 정책 드라이브를 걸고 있었다. 태국 정부는 주변 국가들에 비해 전자결제 이용률이 낮은 점을 개선하고자 2016년 7월 범국민 전자결제 시스템인 프롬페이PromptPay를 출시했다. 프롬페이를 통해 각종 공과금을 납부할 수 있으며, 모바일 지갑과 송금, 결제가 가능하다. 은행 계좌가 없는 사람들도 전화번호와 주민등록번호만 있으면 등록할 수 있어 획기적인 서비스로 평가받고 있다. 그리고 수수료도 일반 시중은행보다 낮다보니 시중은행들은 경쟁력 상실을 우려해 2018년 전자결제 수수료를 폐지했다.

이동통신사 트루True는 2003년 트루머니TrueMoney를 내놓으며 태국에서 최초로 모바일 지갑과 결제 서비스를 시작했다. 트루머니는

2016년 온라인 결제 이용 국가 간 비교

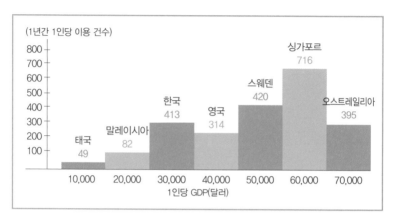

출처: 태국 중앙은행

충전 방식으로 세븐일레븐 등에서 사용할 수 있었고, 인근 아세안 지역으로 진출해 광범위한 네트워크를 이뤄갔다. 트루는 태국의 최대 재벌인 CP그룹의 계열사였기에 그룹이 보유한 유통 사업과 자원을 이용할 수 있는 유리한 여건에 놓여 있었다.

디지털 결제시장은 이커머스의 성장과 편리한 수단을 기다린 소비자, 그리고 금융시장에서 소외되었던 신규 이용자들의 참여로 성장을 거듭했다. 태국 중앙은행에 따르면 2014년 266조 바트였던 온라인 결제시장 규모는 2016년 328조 바트로, 모바일 지갑을 통한 결제는 560억 바트에서 910억 바트로 76%나 증가했다. 바트통신사와 기존 은행, 플랫폼 등 여러 사업자가 디지털 결제시장에서

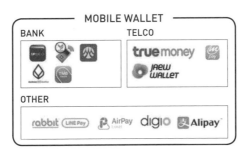

▶ 태국의 모바일 지갑 사업자들

치열한 경쟁을 펼쳤다.

경쟁이 가속화하는 가운데 라인이 빅뉴스를 전했다. 2018년 래빗 라인페이가 태국 1위 이동통신사 AIS와 손을 잡는다는 내용이었다. AIS의 모바일 결제 사업 자회사 엠페이^{MPay}는 약 270억 원을 투자해 래빗 라인페이의 주주가 되었다. 사업에 참여한 세 회사가 같은 비율의 지분을 갖고 있어 공동으로 운영하는 형태다. AIS 가입자와 라인 이용자 수가 각각 4000만 명을 넘는 상황에서 두 회사가 힘을 합치면 핀테크 영역에서 각자 고군분투하는 것보다 레버리지 효과가 커질 것이 분명했다.

가장 먼저 AIS 간편결제 서비스앱과 라인페이를 통합하는 작업부터 시작되었다. 이제 청구서, 전자상거래, 배달 주문, 택시 요금 등 일상생활에 유용한 서비스를 이용할 수 있다. 라인페이의 강점은 라인 자체가 글로벌 시장에서 서비스를 하고 있기 때문에 크로

태국 래빗 라인페이 지분 구조

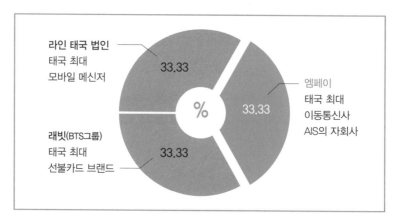

스 보더^{cross border}, 즉 다른 나라에서도 편리하게 이용할 수 있다는 점이다.

본격적으로 금융시장에 뛰어들기로 결심한 라인은 이번에는 태국의 시중은행과 손을 잡았다. 태국 카시콘은행의 자회사 카시콘 비전컴퍼니와 합작법인 카시콘라인^{Kasikorn LINE}을 세우고 2020년 '라인BK'라는 모바일 뱅킹 플랫폼을 선보였다. 라인앱 안의 월렛으로 들어가면 송금, 통장 개설, 신용대출, 결제 등을 일사천리로 해결할 수 있다. 또한 라인프렌즈 캐릭터가 그려져 있는 카드, 온라인 체크카드, 크레딧 라인 체크카드 등을 발급받을 수 있다.

라인BK는 출시되자마자 고객 수가 200만 명을 돌파하며 돌풍을 일으켰다. 엄청난 이용자를 보유한 국민 메신저 라인의 영향력과 별도의 앱을 설치할 필요 없이 편리하게 여러 금융 서비스를 이용할 수 있다는 점이 흥행의 원동력이다. 그리고 태국 젊은이들이 좋아하는 캐릭터 카드도 흥행에 한몫했다.

진격의 라인과
동남아에 진심인 네이버

라인의 지향점은 일상생활의 인프라를 구축하고 글로벌 네트워크를 이루는 것이다. 라인은 태국에서 메신저를 기반으로 하는 플랫폼으로 뉴스, 비즈니스 마케팅, 금융까지 다른 서비스와 확실히 차별화된 구조를 갖추었지만, 동남아 전체에서 보면 만족하기에는 부족하다.

라인은 태국을 벗어나면 위치가 견고하지 않다. 심지어 태국에서도 라인맨은 경쟁자보다 시장점유율이 낮고, 택시 호출과 딜리버리 부문에서는 그랩에 한참 밀려 있다. 라인은 인도네시아에도 진출했는데, 그곳에서의 위상은 태국에 비해 다소 약하다. 인도네시아의 1등 메신저는 여전히 왓츠앱이고, 시장점유율 차이가 현격하다. 베트남에서도 상황이 크게 다르지 않다. 잘로Zalo에 밀려 존재감이 미미해졌고, 중고거래 앱 겟잇Get It이 당근마켓을 표절했다는 의혹에

휩싸이면서 논란이 제기되기도 했다.

하지만 2020년부터 분위기가 바뀌었다. 네이버가 동남아 진출을 본격화했기 때문이다. 2021년 네이버 자회사 라인과 야후재팬이 통합해 출범한 Z홀딩스는 일본 내수시장에서 출혈 경쟁을 줄이고 아시아 시장 슈퍼앱에 도전한다는 것을 분명히 밝혔다. 소프트뱅크가 동남아의 큰손 투자자라는 점에서 양사가 손을 맞잡으면 큰 시너지를 낼 수 있다.

특히 주목할 만한 분야는 핀테크와 콘텐츠다. 자신들의 강점을 잘 알고 있는 라인과 네이버는 이 두 분야에 먼저 집중하고 있다. 태국과 인도네시아에서 은행을 론칭했고, 인도네시아에서는 식당 계산서를 나눠 요금을 지불할 수 있는 라인스플릿빌(핀테크) 서비스를 시작했다. 콘텐츠에서는 라인웹툰을 앞세웠다. 기존 일본 만화를 대체하고 있는 웹툰은 또 다른 K-컬처의 선봉장이다. 인도네시아의 엠텍 투자와 라인웹툰 론칭은 동남아에서 가장 큰 시장의 콘텐츠 부문에서 쐐기를 박겠다는 의지로 읽힌다. 다른 경쟁 슈퍼앱들이 갖지 못한 콘텐츠를 활용하겠다는 전략이다.

네이버가 한국의 엔터테인먼트 기업을 인수하려 한다는 소식이 흘러나오고 있다. 만일 엔터테인먼트를 손에 넣는다면 네이버와 라인은 동남아 사업에서 다시 한 번 커다란 기회를 창출할 수 있을 것이다.

동남아의 라인과 네이버

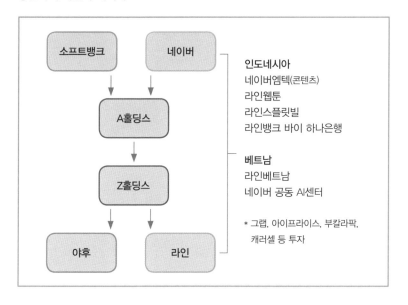

베트남 최초의 유니콘, VNG

동남아에서 가장 많이 쓰이는 메신저는 왓츠앱이고, 태국에서는 라인이 1등 자리를 지키고 있다. 그렇다면 베트남은 어떨까? 베트남에서는 누가 뭐래도 잘로Zalo다. 한국에서 카카오톡 없는 생활을 상상할 수 없듯, 베트남에서도 잘로가 없으면 의사소통을 원활하게 할 수 없다. 베트남 시장의 80%를 잘로가 차지하고 있기 때문이다. 베트남 인구가 약 1억 명인데, 그중 8000만 명 이상이 잘로로 연결되어 있다.

베트남에는 한국 기업과 교민이 많다 보니 잘로를 사용하고 있거나 들어봤다는 사람이 많다. 그런데 잘로를 만든 회사가 어디인지 알고 있는 사람은 많지 않다. 바로 VNG(변경 전 사명은 '비나게임')다. 메신저를 주목한 인터넷 컴퍼니 VNG는 콘텐츠, 페이먼트, 커머스를 아우르는 플랫폼을 만들어냈다. 지금은 베트남의 디지털 지형을 바꾸는 혁신기업으로 자라나 기업가치가 29억 달러를 가뿐히 넘어섰다. 곧 기업공개[IPO]도 이루어질 전망이다.

베트남은 팬데믹 상황에서 나홀로 플러스 성장을 보이며 이머징 마켓에서 가장 두드러진 성장세를 보이고 있다. 지금부터 그 역동적인 땅에서 최초의 유니콘 VNG가 어떻게 탄생했는지, 뒤늦게 출발한 잘로가 어떻게 베트남의 카카오톡이 되었는지, 베트남 디지털 경제를 이끄는 슈퍼앱의 가능성은 있는지 하나하나 살펴보자.

게이머에서 창업자로

닌텐도와 PC게임에 열광한 베트남 소년이 있었다. 그 주인공은 바로 리홍민[Lê Hồng Minh]. 1978년에 베트남에서 태어난 그는 15세에 처음 게임을 접하고 매료되었다고 한다. 그는 커서 호주로 유학을 떠났고, 모내쉬[Monash] 대학에서 금융을 공부했다. 그리고 2001년에 베트남으로 돌아와 비나캐피탈[VinaCapital]에서 직장생활을 시작했다.

어린 시절의 게임에 대한 열정이 남아 있던 리홍민은 낮에는 투자은행에서 일하고, 밤에는 인터넷 카페를 운영했다. 그는 베트남에서 알아주는 게이머이기도 했는데, 월드 사이버 게임 대회에 출전하기 위해 2002년에 한국을 방문했다. 한국의 게임 산업이 발전한 것을 목격한 그는 베트남에 돌아와 PC방이자 인터넷 카페인 게임존Gamezone을 열었다. 그 당시에는 '스타크래프트'와 '워크래프트' 같은 게임이 큰 사랑을 받았다. 더 빠른 인터넷이 필요했던 이용자들은 랜선이 깔린 게임존에 몰려들었다. 여기에 사업 기회가 있다고 판단한 리홍민은 2004년 비나게임이라는 게임 퍼블리싱 업체를 세웠다. 이것이 바로 VNG의 시작이다.

중국의 킹소프트와의 운명적 만남

그 당시 'MU 글로벌'과 같은 웹 게임도 인기가 있었지만, 전부 영어로 서비스가 제공되었다. 리홍민은 이 게임을 베트남어로 제공하면 성공을 거둘 수 있을 것이라 생각했고, 게임업체의 라이선스를 받기 위해 곧장 한국으로 달려갔다. 하지만 리홍민은 아무런 경력이 없었기에 게임업체로부터 거절당했다. 그는 중국으로 눈을 돌렸다. 그리고 중국의 킹소프트Kingsoft로 향했다

킹소프트는 '스워드맨 온라인Swordsman Online'이라는 게임으로 한창 인기를 끌고 있던 회사였다. 리홍민은 중국어를 한마디도 하지 못했지만 미팅을 하기 위해 중국으로 날아갔고, 결국 당시 킹소프

트의 CEO였던 레이쥔Lei Jun의 마음을 사로잡아 라이선스를 얻었다. 레이쥔이 낯익은 이름이라 생각이 들 독자들도 있을 텐데, 맞다. 바로 샤오미의 창업자 그 레이쥔이다.

리훙민은 이후에 한 인터뷰에서 이렇게 말했다.

"킹소프트는 우리가 진짜 작은 회사라는 것을 알고 있었지만 지지해줬습니다. 우리는 계약서에 서명한 뒤 정말 열심히 일했습니다. 우리가 킹소프트에서 라이선스를 받은 게임은 6개월 뒤에 베트남에서 블록버스터가 되었죠."

2005년에 출시한 첫 게임은 베트남판 스워드맨 온라인인 '보 람 쯔우옌 끼Võ Lâm Truyền Kỳ'로, 베트남 게임사에 길이 남을 히트를 쳤다. 비나게임은 게임을 론칭하자마자 순식간에 100만 유저를 끌어모

▶ 비나게임이 2005년에 처음 출시한 게임. 론칭과 동시에 100만 유저를 끌어모았다.

왔고, 설립 1년 만에 흑자를 기록했다. 또한 IDG 벤처스로부터 첫 펀딩을 받는 기회도 잡았다.

비나게임의 매출은 2006년부터 2008년 사이 600% 증가했고, 1000명의 직원을 보유한 기업으로 성장했다. 그 후 리홍민은 최초의 베트남 브랜드 MMO 게임을 포함해 여러 게임을 론칭했고, 온라인 포털과 소셜 네트워크도 만들었다. 그리고 게임만 만드는 기업이 아닌, 인터넷 벤처기업이라는 점을 분명히 하기 위해 2009년 사명을 VNG로 변경했다.

VNG의 사업 포트폴리오는 매우 다양하다. 게임 플랫폼 징 플레이Zing Play, 음악 서비스 징 엠피쓰리Zing MP3, 뉴스를 보여주는 징뉴스Zing News, 채팅을 할 수 있는 징챗Zing Chant, 온라인 소셜 웹 게임 플랫폼 징미Zing Me까지 다양한 서비스를 품었다. 리홍민은 어떤 서비스가 최고가 될 것인지 알고 시작한 것이 아니며, 단지 방향성을 가지고 여러 가지 시도를 했다고 털어놓았다.

리홍민이 야심차게 내놓은 서비스가 모두 성공을 거둔 것은 아니다. 게임 유저들의 커뮤니티를 생각하고 내놓은 징미는 초반엔 시장을 파고들었지만, 페이스북과의 경쟁에서 결국 스러졌다. 그러나 징뉴스는 가장 인기 있는 디지털 신문의 자리를 꿰찼고, 징 엠피쓰리의 차트는 가장 인기 있는 음악 차트로 자리 잡았다. 또한 게임은 여전히 VNG의 대표 상품이었고, 베트남 시장만 바라보지 않고 해외시장으로 확대해나갔다.

2014년 VNG의 가치는 이미 10억 달러를 돌파했다. 베트남 최초의 유니콘으로 인정받은 것이다. 베트남 대표 인터넷 기업 VNG의 질주에 그 누구도 물음표를 달지 않았다.

메신저에 답이 있다

VNG는 내부적으로 새로운 성장 모델이 필요하다는 고민을 하기 시작했다. PC 기반의 성장은 한계가 보였고, 세상은 모바일로 무대를 옮겨가고 있었기 때문이다. 게임시장에서 잔뼈가 굵은 VNG팀은 이러한 변화를 누구보다 강력하게 느끼고 있었다. 고민 끝에 VNG는 모바일을 정조준했다. 리홍민은 한 매체와의 인터뷰에서 이렇게 말했다.

"다른 대기업과 마찬가지로 비즈니스를 새로운 영역으로 이끌어가는 것은 대단히 어려운 일입니다. 그래도 우리는 그렇게 하려고 최선을 다하고 있습니다. 하지만 결과는 아직이죠."

2012년 VNG는 모바일 메신저 잘로를 세상에 내놓았다. 잘로로 어떻게 돈을 벌지 구체적인 계획은 없었지만, 채팅앱이 이용자들로 하여금 더 자주, 반복적으로 앱을 사용하도록 만드는 역할을 한다는 점은 간파하고 있었다. 그러나 카카오톡, 라인, 왓츠앱, 페이스북 등 기존 플레이어들이 시장을 점유하고 있었다.

잘로 출시 이후 이용자 수 증가 추이

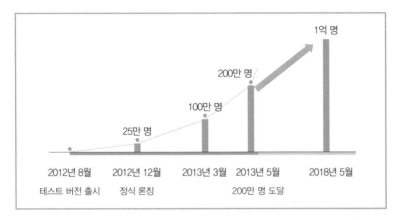

출처: VNG

테스트 버전을 출시하고 2개월 뒤 정식 버전을 내놓았을 때 잘로
이용자는 25만 명에 불과했다. 하지만 2013년 3월 마침내 이용자가
100만 명에 도달했다. 그때부터 양상이 달라졌다. 그 2배인 200만
명으로 증가하기까지 단 2개월밖에 걸리지 않았다. 그렇게 잘로는
스마트폰 보유자 80%가 사용하는 국민 메신저 자리에 올랐다.

페이스북보다 많은 이용자 수를 기록한 잘로

잘로가 등장하기 전까지 베트남인들은 외국 기업의 메신저를 사용할 수밖에 없었다. 한국의 대표 선수 카카오톡과 라인, 그리고 왓츠앱이 베트남 시장에 도전장을 던졌고, 카카오톡과 라인은 시장점유율 1, 2등을 차지하기도 했다. 그러나 선점 효과는 오래가지 않았다. 그렇다면 후발주자인 잘로는 어떻게 1등 메신저로 올라서게 된 것일까?

첫째, 가볍고 단순한 메신저로 출발했다. 카카오톡은 용량을 많이 차지하는 무거운 프로그램이어서 스마트폰의 기본 사양이 좋아야 하고, 데이터를 많이 소모한다. 2010년대 초반 베트남의 통신 인프라는 지금보다 훨씬 열악했다. 속도는 느렸고, 요금은 비쌌다. 3G 서비스 가입자 중 4G 호환이 가능한 단말기 이용자 비율은 5%에 불과했다. 따라서 카카오톡처럼 기능이 많지 않아도 메시지앱의 핵심 서비스(무료 문자 메시지, 무료 통화)만 잘 구동하면 고객들은 만족스러워했다. 카카오톡이 다른 동남아 시장에서도 자리를 차지하지 못한 이유는 베트남에서와 같은 문제점들을 극복하지 못했기 때문이다.

둘째, 음성 메시지 기능을 추가했다. 한국인들은 문자 메시지와 통화를 선호하고, 음성 메시지 기능을 잘 사용하지 않는다. 하지만 베트남인들은 6개의 성조를 가진 문자를 타이핑하는 게 쉽지 않아 음성 메시지 기능을 선호한다. 이는 중국인들이 위챗을 사용할 때 타이핑보다 음성 메시지를 선호하는 것과 같다.

셋째, 유연하면서도 영리하게 대응했다. 메신저는 특성상 상대방

▶ 베트남의 국민 메신저가 된 잘로

과 함께 사용해야 하기 때문에 한 번 사용하기 시작하면 쉽게 바꾸지 않는다. 론칭 초반 주목받지 못했던 잘로는 어떻게 이런 한계를 뛰어넘을 수 있었을까? 단순하고 편리한 기능을 추가해 자국 토종 앱으로 이동하는 유저들의 심리적 저항선을 쉽게 무력화시켰기 때문이다.

잘로는 베트남인들이 개발한 순수 베트남 앱이라는 점을 강조했고, 계속해서 친숙한 이미지를 전달하기 위해 노력했다. 베트남의 유명 인사들을 섭외해 TV 광고를 찍고 소셜미디어에서 바이럴을 일으키며 팬미팅을 여는 등 사람들 사이에서 끊임없이 화제가 되도록 만들었다. 2013년 한 해에만 마케팅에 200만 달러를 쏟아부은 것으로 추정된다.

잘로는 2018년 마침내 1억 명의 유저를 거느린 베트남 1등 앱으로 확고히 자리 잡았다. 이는 페이스북보다 많은 이용자 수를 기록한 사건이다.

예상된 행보, 결제와 이커머스

베트남에서 가장 강력한 플랫폼이자 메신저로 성공한 잘로는 다양한 기능을 담은 자체 생태계를 구축하기 위해 노력했다. 카카오톡과 위챗이 그랬던 것처럼. 2017년 잘로페이가 출시되었고, 각종 티켓 예약과 공과금 납부, 음악, 뉴스 등 39개의 기능이 잘로의 플랫폼에 추가되었다.

슈퍼앱으로 가는 가장 핵심적인 수단은 바로 페이먼트다. JP모건의 보고서에 따르면 인도네시아, 필리핀과 마찬가지로 베트남 소비자들도 결제 수단으로 현금을 많이 사용했고, 신용카드 이용자 비율도 낮았다. 베트남인 10명 중 7명은 은행 계좌를 가지고 있지 않았다. 그들의 현금 사랑도 유명한데, 금과 현금을 보관하기 위해 집집마다 금고를 둘 정도였다. 한국산 금고가 베트남에서 인기리에 판매되고 있다는 뉴스가 종종 나오기도 했다. 그러나 모바일 뱅킹 서비스와 이커머스가 점차 활성화되면서 베트남 소비자들도 변하기 시작했다. 물론 이는 베트남 정부가 지하경제를 양성화하고 거래 투명성을 높이기 위해 강력한 캐시리스cashless 정책을 추진한 덕분이기도 하다.

베트남의 모바일 지갑과 페이먼트 시장은 하나의 플랫폼이 독점적으로 지배하는 상황이 아니다. 모모MoMo, 모카Moca, 그랩페이, VN페이 등 32개의 페이먼트 서비스가 시장점유율을 놓고 격렬하게 다투고 있다. 조사기관에 따라 시장점유율도 차이가 난다. 주니퍼 리서치Juniper Research는 모모가 53%의 시장점유율을 차지하면서 2위 모카와 현격한 차이를 보이고 있다고 발표했지만, 베트남 비즈니스 컨설팅이 내놓은 자료에 따르면 모모의 시장점유율은 35%에 불과하다. 물론 시장 지배력 차이가 있을 뿐, 모모가 1위인 것은 틀림없는 사실이다.

잘로페이는 잘로 메신저의 압도적인 이용자 수를 바탕으로 유리한 지점에서 시작할 수 있었다. 그러나 앞서 이야기했듯 2000만 명의 이용자를 보유한 모모가 베트남 디지털 결제 부문 1위를 차지하고 있고, VN페이와 모카가 2위 자리를 놓고 치열하게 경쟁하고 있다. 현재 모카는 베트남 라이드헤일링 시장에서 점유율 1위를 차지하고 있는 그랩과 전략적 파트너십을 맺고 시장 확대를 노리고 있다.

잘로페이가 메신저앱처럼 베트남 1등 사업자로 거듭날 수 있을지 알 수 없지만, 꾸준히 성장할 것이라는 전망은 분명하다. 팬데믹

베트남 모바일 지갑 시장점유율

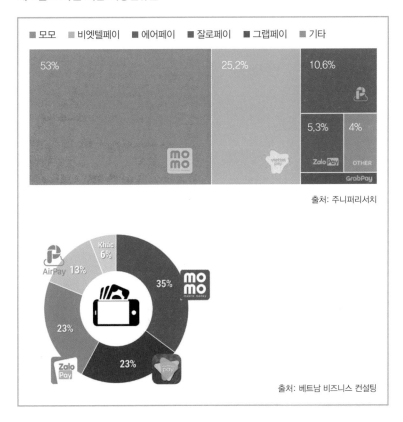

출처: 주니퍼리서치

출처: 베트남 비즈니스 컨설팅

을 거치며 캐시리스 결제는 이용자와 이용 빈도가 크게 늘었다. JP모건은 2023년 현금 결제는 감소하고 디지털 결제는 202% 증가할 것이라고 내다봤고, 주니퍼 리서치도 베트남의 모바일 전자결제 이용률이 2025년까지 55%에 달할 것으로 전망했다. 이커머스의 성

2020년 베트남 디지털 페이먼트 이용자 전년 대비 증가율

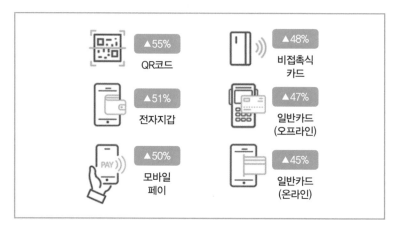

출처: VISA, KOTRA

장으로 전체 시장 규모가 커지고 있고, 공과금 납부부터 콘텐츠 구입까지 일상생활의 대부분이 모바일 세상에 이미 포섭되었기 때문에 이러한 흐름은 다시 거슬러 갈 수 없다. 정부의 캐시리스 정책도 더욱 강화될 것이다.

베트남은 디지털 뱅킹 서비스 가능성을 모색하는 사업자들에게 매력적인 시장일 수밖에 없다. 블루오션이라고는 할 수 없지만, 그렇다고 레드오션이라고 하기에는 큰 기회가 있기 때문이다. 중국의 위챗페이와 알리페이가 베트남에서 금지되어 있다는 점도 로컬 사업자들에게 큰 기회다. 상황이 이러하기에 글로벌 투자자들이 앞다퉈 베트남 핀테크 업체들에 투자를 쏟아붓고 있다.

베트남 온라인 쇼핑 결제 수단 변화

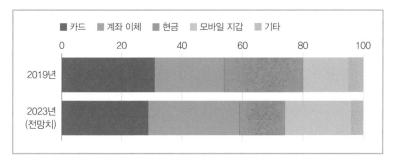

■ 카드 ■ 계좌 이체 ■ 현금 ■ 모바일 지갑 ■ 기타

출처: JP모건

모바일 결제 이용자 및 시장 규모 예측

1인당 GDP		1인당 GDP 대비 모바일 지갑 소비	
2020년	2025년	2020년	2025년
2만 7000달러	3만 9000달러	29.6%	23.7%
모바일 지갑 이용자		모바일 지갑 이용률	
2020년	2025년	2020년	2025년
1920만 명	5700만 명	19.7%	55.5%
모바일 지갑 거래 규모		모바일 지갑 거래가치	
2020년	2025년	2020년	2025년
6억 7400만 달러	50억 달러	140억 달러	486억 달러

출처: 주니퍼리서치

VNG와 갓잇의 파트너십

잘로페이가 VNG의 슈퍼앱 생태계 조성에 핵심적인 역할을 하고 있다면, 온라인 기프트는 수익성 기여를 목표로 탄생했다. VNG는 2020년에 카카오톡 선물하기와 같은 기능을 론칭했는데, 이때 파트너십을 맺은 갓잇^{Got It}에 600만 달러를 투자했다. 갓잇은 2015년에 설립된 스타트업으로 구글과 그랩, 인텔, 유니레버 등 다국적 기업과 사콤뱅크 등 베트남 기업 등을 포함해 500여 대기업을 고객사로 확보했다. 로열티 프로그램 및 마케팅 선물용으로 기프트 카드를 발행하고 있으며, 현재 160개 이상의 브랜드와 1만 2000개 매장에서 사용할 수 있다.

갓잇은 지난 5년 동안 2000만 개 이상의 기프트 카드를 발행했다고 밝혔는데, 그동안 갓잇의 주요 고객은 기업들이었다. 회사가 바우처를 구입해 직원들에게 나누어 주거나 영업 프로모션 목적으로 많이 사용되고 있다. 갓잇은 VNG와의 파트너십을 통해 더 많은 기업 고객을 확보하는 것은 물론, 신규 개인 이용자들에게 다가갈 수 있게 되었다. 결국 양사 모두에게 이익이 될 전망이다. 베트남 청년들의 모바일 이용률이 높고, 작은 선물을 하는 분위기가 조성되어 있어 분명 이러한 기능이 유용하게 사용될 것이다.

갓잇과 VNG가 가진 역량이 합쳐져 B2B 채널뿐 아니라 P2P 영역까지 기프트 솔루션과 서비스를 확대해나갈 수 있어 그 시너지가 극대화될 것으로 보인다. 리훙민은 그동안 장기 투자와 협업을 추구할 만한 잠재력 있는 스타트업을 찾고 있다고 말해왔다. 갓잇에 대한 투자가 그 대표적인 사례라 할 수 있다.

잘로는 베트남의 슈퍼앱이 될 수 있을까?

잘로는 VNG의 대표 주자이자 성장 드라이버이기는 하지만, 전체 사업 포트폴리오의 일부분이다. 잘로의 플랫폼에 39개의 서비스가 있지만 VNG의 모태는 게임 사업이고, 2020년 매출 2억 6150만 달러 중 약 80%가 게임 부문에서 창출되었다. 비디오 게임 징플레이는 해외에서 매월 800만 명 이상이 이용하고 있고, 베트남과 태국, 필리핀 등 아세안 지역뿐 아니라 멕시코와 브라질에서도 시장을 선도하고 있다. 클라우드 사업 역시 VNG의 미래 먹거리로 중요한 자리를 차지하고 있으며, 금융 거래에 필요한 본인 확인 인증 eKYC 솔루션을 개발해 베트남 은행과 금융기관에 제공하는 사업도 펼치고 있다.

VNG는 슈퍼앱 전략을 취하지 않는다고 하면서도 전자상거래 부문을 강화하기 위해 티키Tiki의 지분 22%, 물류 스타트업 에코트럭의 지분 20%를 인수했다. 나아가 세계적인 스피커 기업 하만카돈 Harman Kardon (2016년 삼성전자가 인수했다)과 함께 AI 애플리케이션 키키

VNG 비즈니스 포트폴리오

Kiki 가상 어시스턴스를 출시했고, AI에 본격적으로 투자할 것이라고 밝히며 베트남 시장에만 안주하지 않겠다는 포부를 내비쳤다.

베트남은 스마트폰 이용자가 가장 빠르게 증가하는 시장이며, 높은 경제성장률과 함께 소비자들의 소비 패턴도 변화하고 있다. 이러한 변화를 인지하고 시장이 필요로 하는 서비스를 제공하는 기업들이 성장 가도를 달릴 수밖에 없다. VNG는 기회를 포착했고, 흐름에 제대로 올라탔다. 이제 게임을 제외한 다른 부문의 성장곡선을 어떻게 그리느냐에 VNG의 미래가 달려 있다.

VNG의 사업 부문별 매출 구성(단위: 1조 동)

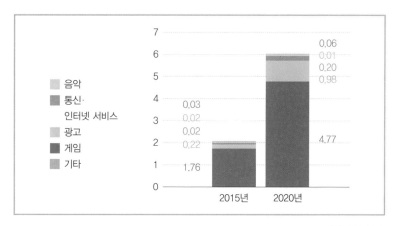

출처: Nikkei Asia

PART 4

아세안
슈퍼앱 전쟁

앞장에서 그랩부터 고투그룹, SEA 슈퍼앱 빅 3, 그리고 추격자 라인과 VNG의 탄생과 성장 과정을 살펴보았다. 라인을 제외한 4개의 슈퍼앱은 동남아에서 출발한 스타트업이지만, 슈퍼앱 5는 모두 창업자들이 새로운 디지털 서비스를 펼치려는 도전의 결과물이라는 점에서는 다르지 않다. 라인의 모체가 된 네이버 역시 이해진이라는 창업자가 한국의 인터넷 포털을 건설한 것이었다.

슈퍼앱 5는 모두 디지털 세상이 한발 늦게 다가온 동남아에서 모바일 립프로깅의 전환을 감지하고 있었고, 디지털 경제라는 새로운 파도를 타고 지금의 자리에 올랐다. 혁신의 정의는 다양하겠지만, 슈퍼앱 5는 적어도 지금까지는 '동남아 생활 밀착형 혁신'의 아이콘이라고 부를 수 있다. 동남아 어느 곳에서든 슈퍼앱 5 가운데 한두 개는 누구나 이용한다. 이 지역 사람들이 공통적으로 겪고 있는 문제점 혹은 페인 포인트를 찾아내 이를 해결하거나, 현지화된 디지털 솔루션을 통해 더 나은 편리한 고객 경험 제공이라는 측면에서 슈퍼앱 5는 모두 대단한 성공을 거두었다.

앞서 개별 기업의 과거와 현재를 통해 성장 전략과 경쟁력을 파악했다면, 이제 슈퍼앱 5가 만들고 있는 시장 구도, 그리고 나아갈 방향을 알아볼 차례다. 기업의 속성이 계속해서 성장과 발전을 도모해야 하는 데다 슈퍼앱의 특성상 새로운 서비스가 추가되면서 동남아 전역에서 이들 사이의 경쟁과 대결은 이미 피할 수 없는 상황에 직면했다. 그랩과 고젝은 모두 교통문제 해결사를 자처했기에 라이드헤일링 부문에서 치열한 경쟁을 벌이고 있고, 고객과 판매자 소통 맞춤형 이커머스를 키워낸 SEA는 토코페디아와 맞서야 한다. 팬데믹 기간에 폭발적으로 성장한 푸드 딜리버리와 슈퍼앱의 핵심 디지털 결제에서 슈퍼앱 5가 격돌하고 있으며, 이는 결국 디지털 뱅킹으로 이어질 것이다. 라이드헤일링은 모빌리티로, 이커머스는 물류로, 메신저는 컨텐츠 플랫폼으로 이어지면서 개별 서비스 자체의 시장점유율 경쟁은 앞으로 연결된 여러 섹터에 걸쳐 그 전선이 확대될 것이 분명하다. 한국의 카카오와 네이버, 중국의 알리바바와 텐센트의 사업 포트폴리오 확대 과정을 보면 충분히 예상 가능한 시나리오다.

파트 4에서는 슈퍼앱 5 스케일업 핵심 서비스로 대결한 1차 대전과 금융을 놓고 겨루는 2차 대전, 그리고 혈투가 예상되는 다음 섹터의 전장을 구분해 살펴볼 것이다. 슈퍼앱 5 전쟁에 보급품을 지원한 큰 손 투자자들도 함께.

라이드헤일링 혈투

슈퍼앱의 대표주자인 그랩과 고젝의 시작은 라이드헤일링이었다. 동남아가 공통적으로 겪고 있는 문제는 교통의 불편함이었고, 매일 6억 명 이상의 인구가 이동하는 데 어려움을 겪었다. 교통 인프라는 하루아침에 개선되기 어렵기 때문에 적합한 솔루션을 제공하는 기업이 주도권을 쥐게 될 것이 분명했다. 글로벌 투자자들의 관심도 이 분야에 쏠렸고, 그랩과 고젝이 가장 많은 투자를 받은 이유도 모빌리티 시장의 성장성 덕분이다. 라이드헤일링 서비스가 등

동남아 스타트업 투자 추이(단위: 십억 달러)

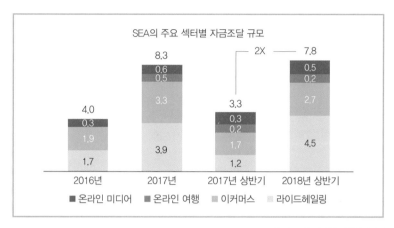

SEA의 주요 섹터별 자금조달 규모

출처: 구글, 테마섹, 베인앤컴퍼니

아세안 6개국 디지털 경제 교통시장 규모

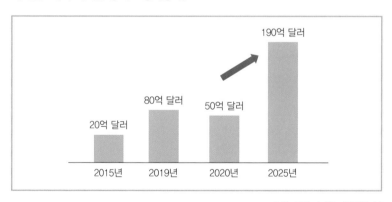

출처: 구글, 테마섹, 베인앤컴퍼니

장한 이래 시장은 매년 큰 폭으로 성장했다. 동남아에서 이커머스가 본격적으로 활성화되기 전까지 디지털 경제에서 가장 큰 비중을 차지한 것은 라이드헤일링 교통 부문이다.

라이드헤일링 시장에 뛰어든 기업은 한둘이 아니지만, 시장에서 의미 있는 점유율을 차지한 대표적인 기업은 그랩과 고젝이다. 그러나 이 두 기업의 성장 전략은 큰 차이를 보인다. 오토바이 택시 중개로 시장에 먼저 뛰어든 것은 고젝이었지만, 앱을 출시한 시점은 그랩보다 한참 뒤였다. 그랩은 2012년 말레이시아를 시작으로 2년 만에 동남아 6개국에 진출했다. 이웃 나라로의 빠른 해외 진출을 통해 스케일업을 이루는 확장 전략을 선택한 것이다. 반면 고젝은 2억 7000만 명 이상의 인구를 가진 자국 인도네시아 시장에 집

그랩과 고젝의 해외시장 진입 시기

그랩	진입 국가	고젝
2012년	말레이시아	
2013년	태국	2018년, 2021년 에어아시아에 매각
2013년	싱가포르	2018년
2013년	필리핀	2019년
2014년	인도네시아	2020년
2014년	베트남	2018년(고-비엣)
2017년	미얀마	
2017년	캄보디아	

중하면서 고마사지, 고페이 등 다양한 서비스를 기반으로 한 플랫폼으로 성장하는 데 집중했다. 고젝은 그랩보다 더 다양한 서비스를 먼저 내놓았지만, 해외 진출은 그랩보다 한참 늦었다. 2018년이 되어서야 태국과 싱가포르, 베트남에 진출했다.

2018년 우버가 물러나고 후발주자인 고젝이 그 자리를 차지하기 위해 도전장을 던졌다. 하지만 그랩이 동남아 전역에서 라이드헤일링 시장 70%를 장악하며 그 자리를 대신했다. 그렇다고 해서 슈퍼앱 이외의 플레이어들이 전혀 없는 것은 아니다. 그랩의 아성을 위협할 만한 점유율을 확보하지 못하고 있을 뿐, 말레이시아의 마이카MyCar, 베트남의 비Be 등이 개별 국가 시장에서 성장을 위해 끊임없이 노력하고 있다. 차량공유 서비스를 제공하는 쏘카SOCAR와 같은 모델, 블록체인 기반의 서비스를 제공하는 엠블랙 등도 모빌리티 지형에 변화를 가져오고 있다.

2020년 팬데믹으로 많은 나라가 봉쇄 조치를 취했고, 그로 인해 사람들의 이동이 멈췄다. 라이드헤일링의 매출은 2019년 80억 달러에서 50억 달러로 급감했다. 2021년에도 코로나19의 영향이 지속되고 있어 말레이시아, 태국, 인도네시아, 베트남에서 사람들이 집 밖으로 나오지 못하는 상황이 몇 달째 이어지고 있다. 상황이 이러하기에 라이드헤일링의 매출은 다시 한 번 움츠러들 수밖에 없다. 2021년 고젝은 결국 태국 사업을 에어아시아에 넘겼다.

봉쇄가 영원히 지속되지는 않을 것이다. 구글과 테마섹, 베인앤컴퍼니의 보고서에 따르면 2025년 이 시장의 규모는 190달러에 달할 것으로 보인다. 리오프닝이 시작되면 이동이 크게 증가할 것이기에 성장 기회는 여전하다는 기대감을 지울 수 없다. 동남아 전체 지형을 보면 슈퍼앱 1차 대전에서는 그랩이 승리를 거두었다. 경쟁자들이 더 작아진 코로나19 이후 그랩의 시장점유율은 더 높아질 수도 있다.

더 빨리 더 많이! 푸드 딜리버리 전쟁

동남아를 대표하는 또 다른 기업 SEA가 게임과 이커머스를 발판 삼아 슈퍼앱 전쟁에 본격적으로 뛰어들었다. 베트남의 스타트업 나우를 인수해 온라인 푸드 딜리버리 시장에 발을 디뎠고, 그랩과 격전을 벌일 정도로 성장했다. 그리고 인도네시아 시장에서 쇼피푸드라는 이름으로 서비스를 시작하면서 그랩푸드와 고푸드에 선전포고를 했다. SEA가 이 시장에 뛰어든 이유는 자신들의 앱에 등록된 쇼피와 씨머니 이용자들을 쉽게 끌어들일 수 있기도 하지만 푸드 딜리버리 시장 규모가 급격하게 커졌기 때문이다.

동남아의 푸드 딜리버리 시장 규모는 2015년 4억 달러에서 2019년 50억 달러로 몸집이 매우 커졌지만, 2020년 팬데믹은 사람들의 행위를 완전히 바꾸어놓았다. 2020년에 발표된 구글과 테마섹, 베인

코로나19 이후 구매 행위 변화를 가져온 서비스

출처: 구글, 테마섹, 베인앤컴퍼니

앤컴퍼니의 보고서에 따르면 코로나19 이전과 이후를 비교했을 때 온디맨드 서비스로 구매 행위가 바뀐 항목 중 음식 배달을 선택한 사람이 가장 많았다. 집 밖으로 나갈 수 없거나 식당에 가기 꺼려지는 상황에서 음식 배달 서비스를 처음 이용하거나 더 많이 이용한 사람이 엄청나게 늘었다는 증거다.

이 보고서에 따르면 푸드 딜리버리 시장 규모는 2019년 50억 달러에서 2020년 60억 달러로 증가할 것이라고 추정했다. 그러나 베인앤컴퍼니의 분석은 2020년 중반에 실시되었기 때문에 예상보다 오랫동안 지속된 상황을 충분히 반영하지 못했다.

모멘텀웍스의 보고서에 따르면 동남아 푸드 딜리버리 시장의 거래액은 2020년 전년 대비 183% 증가해 119억 달러에 이른다고 추정했다. 규모가 가장 큰 시장은 인도네시아이며, 태국과 싱가포르

동남아 푸드 딜리버리 시장 거래액

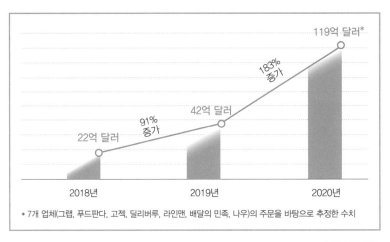

* 7개 업체(그랩, 푸드판다, 고젝, 딜리버루, 라인맨, 배달의 민족, 나우)의 주문을 바탕으로 추정한 수치

출처: 모멘텀웍스

가 그 뒤를 잇고 있다. 인도네시아는 37억 달러, 싱가포르는 28억 달러다. 싱가포르의 인구는 인도네시아의 2%에 불과하지만 금액으로는 65%까지 올라간다. 싱가포르의 소득 수준과 물가가 높아 음식값이 더 비싸고, 인구 대비 이용자 비율이 인도네시아보다 훨씬 더 많기 때문이다.

동남아 푸드 딜리버리 시장 1위 자리는 그랩의 그랩푸드가 차지하고 있다. 그랩푸드의 거래액은 59억 달러로, 전체 시장의 약 50%를 차지하고 있으며, 푸드판다와 고젝의 고푸드가 그 뒤를 잇고 있다. 푸드판다의 거래액은 25억 달러, 고푸드의 거래액은 20억 달러

2020년 동남아 푸드 딜리버리 시장 상황

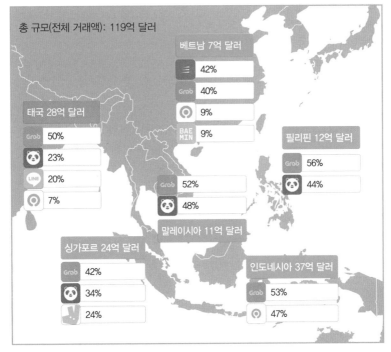

출처: 모멘텀웍스

로, 2위와 3위의 차이는 크지 않다. 눈에 띄는 점은 인도네시아에서조차 그랩이 시장점유율 53%를 차지하며 고젝을 앞서고 있다는 점이다. 푸드판다는 말레이시아와 필리핀, 싱가포르, 태국에서 골고루 활약하고 있다. 고푸드는 홈그라운드인 인도네시아에서 마켓리더였으나 그랩에 밀려났고, 해외 진출이 늦은 만큼 베트남과 태국에서는 확실히 이용자가 적다.

4위는 딜리버루Deliveroo가 차지하고 있지만 거래액은 5억 8000만 달러로 3위 고푸드와 차이가 크다. 태국의 라인맨은 그랩과 푸드판다에 밀려 5위에 머물고 있는데, 그만큼 지역 통합을 이룬 슈퍼앱과의 경쟁이 쉽지 않다는 것을 보여준다.

그랩푸드가 유일하게 1위를 내준 곳은 바로 베트남이다. 나우의 선전은 SEA가 가진 저력을 보여준다. 쇼피푸드는 2021년 3월 인도네시아 론칭 이후 드라이버와 식당 영업자, 소비자 모두에게 혜택을 주는 강력한 프로모션을 진행하고 있는데, 향후 그랩, 고젝 등과 치열하게 경쟁을 펼칠 것으로 예상된다.

누가 어디에서 무슨 서비스를 하고 있는가

동남아 슈퍼앱들은 플랫폼을 통해 다양한 서비스를 제공하고 있어 겹치는 영역에서 부딪히는 것을 피할 수 없다. 슈퍼앱 5가 공통적으로 갖고 있는 영역은 디지털 결제 부문이다. 모든 온디맨드 서비스는 최종적으로 소비자가 돈을 지불해야만 실제 매출이 일어나고 사업이 유지된다. 고객을 얼마나 편리하게 그 단계까지 끌어와 최종 결제 버튼을 클릭하게 만드는가가 중요하다.

동남아 소비자들의 페인 포인트는 바로 결제 수단이다. 따라서

슈퍼앱들이 제공하는 다양한 서비스

	결제	이커머스	금융 서비스	음식 배달	배송 ·물류	메시지	교통	게임
Grab								
gojek		토코 페디아 합병						
sea								
LINE								
Zalo								

슈퍼앱들은 결제 수단에 매달릴 수밖에 없다. 한국에서는 대부분의 성인이 신용카드를 보유하고 있어 네이버페이나 카카오페이에 신용카드를 연결시켜 놓는 방식이 일반적이지만, 그랩페이나 고페이는 돈을 모바일 지갑에 충전해서 사용하는 사람이 많다. 자신들의 '페이pay'가 은행 계좌나 다름없는 것이다. 슈퍼앱들의 입장에서 페이는 단순히 여러 서비스 중 하나가 아니라 다른 모든 서비스의 매출을 이끌어내는 수단이자 자금을 모아놓는 훌륭한 저장고라 할 수 있다.

슈퍼앱의 또 다른 경쟁 영역은 딜리버리 부문이다. 음식 배달뿐 아니라 장보기, 라이더들을 이용한 퀵서비스도 마찬가지다. 봉쇄와 재택근무가 지속되면서 사람들은 오프라인에서 처리하던 일들을 대폭 줄였다. 심지어 봉쇄 기간 동안 사람들의 외부 활동을 줄이고자 정부가 나서서 온라인 장보기를 적극 장려했다. 그랩과 고젝은 라이드헤일링 부문을 갖고 있었기에 자연스럽게 배송으로 손을 뻗었고, 라인은 라인맨을 바탕으로 다양한 배달 서비스를 제공하고 있다. SEA는 음식 배달 부문에만 진출했지만 이커머스 수요가 있기 때문에 이후에 다른 배달 서비스로도 확장할 가능성이 크다.

딜리버리를 단순히 음식 배달이나 서류 퀵서비스에 국한해 바라보는 시각은 근시안적이다. 동남아의 물류 시스템은 아직 효율적이지 않아 팬데믹으로 폭발한 이커머스 주문량을 다 소화하지 못하는 지경에 이르렀다. 오토바이가 대중적인 동남아에서 배달 라이더를 구하는 게 문제가 아니라 라스트마일 물류가 제대로 갖춰지지 않은 것이 문제다. 동남아에서는 한국인들이 당연히 여기는 새벽배송, 당일배송은 상상조차 하기 어렵다. 소비자들은 이미 온라인의 편리함에 젖어들었다. 그런데 온라인 서비스로 많은 것을 신속하게 해결할 수 있다는 사실을 알아버렸는데 상품이 너무 늦게 도착한다. 상황이 이러하니 소비자들은 점점 더 빠른 배송, 빠른 라이더를 원할 것이고, 전국적으로 촘촘한 네트워크를 가진 사업자가 1순위 딜리버리 사업자가 될 것이다.

이커머스는 디지털 결제에서 가장 큰 비중을 차지한다. 슈퍼앱 중 SEA만이 온전히 자신들의 마켓플레이스를 갖고 있다. 쇼피를 동남아 1등 이커머스로 키운 SEA가 다른 슈퍼앱들보다 훨씬 많은 매출을 올리고 있는 이유다. 고젝이 해외시장에서 그랩에게 밀려나면서 토코페디아와의 합병을 결정한 것도 그랩이 갖지 못한 이커머스에서 입지를 넓히려는 의도라고 볼 수 있다. 그랩과 라인 역시 쇼핑 부문이 있지만 이커머스 연결 통로를 열어두는 정도에 불과하다. 잘로를 가진 VNG 역시 베트남의 이커머스 플랫폼 티키Tiki에 지분 투자를 한 것이지 자신들의 플랫폼에 이커머스를 보유한 것은 아니다.

이커머스 시장은 지속적으로 성장할 것이 분명하다. 한국의 네이버와 카카오가 이커머스를 어떻게든 키우려 노력하고 있는 이유도, 쿠팡이 이 두 기업보다 기업가치가 높은 이유도 전자상거래가 갖는 비중과 중요성 때문이다. 동남아 이커머스는 한국이나 중국에 비하면 그 성장 여력이 훨씬 더 많이 남아 있다. 이 시장에서 SEA와 고투그룹의 경쟁이 치열해질 것이고, 다른 슈퍼앱들도 어떤 방식으로든 이커머스를 자신들의 플랫폼으로 끌어들이려 할 것이다.

슈퍼앱 5가 아세안 10개국에 자신들의 모든 서비스를 제공하고 있는 것은 아니다. 그랩과 SEA가 가장 많은 지역을 커버하고 있고, 나머지 3개 슈퍼앱은 시장이 지극히 제한적이다. 하지만 앞으로 동남아 디지털 경제에서 토종 슈퍼앱들의 전선과 전장은 더 확장될 전망이다. 중국의 슈퍼앱들은 자국 시장에서 글로벌 플랫폼과의 경쟁을 피할 수 있었지만, 동남아 슈퍼앱들은 처지가 다르다. 한 국가 시장으로는 스케일업을 충분히 이룰 수 없다. 인도네시아처럼 큰 시장에만 집중한다고 해도 계속 진격해오는 외부 플레이어들을 막고 시장을 수성하기가 어렵다. 국내시장에 집중한 고젝의 고푸드가 결국 그랩푸드에게 1위 자리를 내준 것과 그랩푸드가 베트남에서 나우에게 밀려나고 있는 상황이 그 증거다.

지역을 확장하고 서비스를 다양화하는 것이 슈퍼앱의 길이지만, 이 전략을 실행하기 위해서는 막대한 자원이 필요하다. 아이디어만으로는 원하는 것을 얻을 수 없다. SEA와 그랩이 유니콘이 되기까지, 동남아의 대표 슈퍼앱이 되기까지 수십억 달러의 펀딩이 뒷받침되었다. 고젝도 예외가 아니다. 이들의 성장에 베팅한 투자자들은 누구이며, 그들은 무슨 이유로 과감한 펀딩을 진행했을까? 여러 스타트업의 지분을 가진 투자자들의 관계가 어떤 영향을 미치지는 않았을까?

슈퍼앱 뒤의 큰손들

SEA, 그랩, 고젝의 성장은 퍼스트 무버로서 선점 효과도 있었지만, 글로벌 기업들과 벤처캐피탈들의 막대한 투자가 뒷받침되었기에 가능했다. 소프트뱅크와 같은 투자회사와 사모펀드, 벤처캐피탈, 중국의 테크 기업, 전략적 파트너십을 노린 제조업체까지 여러 투자자가 동남아 스타트업 펀딩 라운드에 참여했다.

가장 눈에 띄는 투자자는 역시 소프트뱅크다. 전 세계 플랫폼과 테크 기업에 막대한 투자를 해온 소프트뱅크는 일찌감치 그랩을 눈여겨보고 투자를 진행했다. 2014년 12월 2억 5000만 달러를 시작으로 총 5회나 펀딩 라운드에 참여했다. 그랩에 약 30억 달러를 투자한 소프트뱅크는 지분 18.6%를 보유한 최대주주가 되었다. 소프트뱅크의 통 큰 투자로 인해 그랩은 단숨에 스타트업계 스타로 떠올랐고, 대규모 투자가 잇달았다.

라이드헤일링 기업을 파트너로 두고 싶었던 토요타, 현대자동차, 야마하, 부킹닷컴도 그랩에 투자했다. 금융 부문에 대한 기대를 가지고 도쿄센츄리, 미쓰비시 UFJ 파이낸셜 그룹, 태국의 카시콘은행도 그랩에 손을 뻗었다. 마이크로소프트는 2018년 투자자 리스트에 올랐지만 정확한 투자 금액은 알려지지 않았고, 2020년 중국의 알리바바도 그랩과 30억 달러 투자를 논의하고 있다는 소식이 흘러나왔다.

우버는 동남아 시장에서 물러나면서 그랩의 주식을 받았고, 중국의 디디추싱과 핑안 벤처스도 그랩에 투자했다. 그랩 파이낸셜 그룹은 그랩 본사와 별도로 시리즈 A에서 3억 달러 투자를 유치했다.

한국의 SK와 미래에셋, 스틱인베스트먼트, 한화자산운용도 그랩과 그랩 파이낸셜에 투자했다. 2021년에는 스팩SPAC 상장이 확정되면서 모건스탠리Morgan Stanley와 블랙록BlackRock, 싱가포르의 테마섹이 투자자로 들어왔다.

고투그룹 역시 그랩만큼이나 화려한 투자자 명단을 보유하고 있다. 고투그룹의 고젝은 세콰이어캐피탈 등 여러 벤처캐피탈의 투자를 시작으로 2016년 KKR과 워버그 핀커스, 라투켄 등으로부터 5억 5000만 달러의 투자를 받으며 도약했다. 이때 기업가치가 18억 달러로 수직 상승했다.

하지만 SEA와 그랩에 비해 다소 저평가되어 있던 고젝의 점프는 2018년에 이루어졌다. 구글을 필두로 텐센트, 블랙록, 테마섹, JD.com, 메이투안Meituan 등 쟁쟁한 기업들이 시리즈 E에 참여했기 때문이다. 구글이 동남아 스타트업에 투자한 것은 이때가 처음이다. 이 펀딩 라운드에서 15억 달러를 끌어모은 덕에 고젝의 기업가치는 50억 달러로 치솟았다. 구글과 텐센트, JD.com은 시리즈 F에도 참여해 9억 2000만 달러를 추가로 투자했다. 2019년에는 일본의 미쓰비시 모터스와 미쓰비시 UFJ 파이낸셜 그룹이, 2020년에는 페이팔과 페이스북이 고젝에 투자했다.

토코페디아의 투자자 리스트에도 익숙한 이름들이 등장한다. 세콰이어캐피탈, 소프트뱅크, 알리바바, 구글, 테마섹이 토코페디아에 투자했다. 고투그룹의 투자자들은 인도네시아의 시장 성장성에 확신을 가졌다고 볼 수 있지만, 어느 지역이든 1등 사업자에 광범위한 투자를 진행하는 펀드의 성격도 반영한다. 소프트뱅크와 알리바바, 테마섹, 텐센트가 대표적이다. 페이스북과 구글, 페이팔과 같은 미국 테크 기업들은 사업 기회 확장에 필요한 로컬 파트너로서의 자격을 염두에 둔 투자 결정이었을 가능성이 더 크다. 인도네시아 1등 전자결제 앱이 고페이이고, 가장 큰 플랫폼이 고젝이라는 점을 상기해보라.

SEA의 투자자 리스트는 그랩과 고젝에 비하면 단출해 보인다.

동남아의 슈퍼앱: 투자와 경쟁 관계

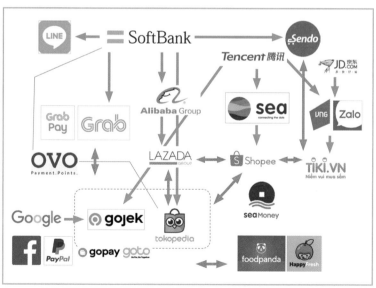

키스톤캐피탈Keystone Capital과 온타리오 교원연금 등 일부 투자자만 드러나 있고, 대형 투자자인 중국의 텐센트가 초기에 얼마나 투자했는지는 공개되지 않았다. SEA의 모태가 된 가레나는 텐센트의 게임 판권을 받으면서 단순 투자자 이상의 관계를 맺었고, 게임 부문의 수익으로 외부에서 큰 투자를 유치해야 할 유인이 상대적으로 적었기 때문이다. 무엇보다 SEA는 다른 슈퍼앱들과 달리 IPO가 빨랐다. 2017년 10월 미국 주식시장 상장을 통해 자금 조달이 가능했기 때문에 이커머스 쇼피를 지원할 여력도 많아졌다.

네이버 일본 법인에서 출발한 라인의 최대주주는 당연히 네이버다. 스타트업으로 시작한 것이 아니기 때문에 다른 슈퍼앱들처럼 펀딩 라운드를 거치지 않았다. 한국에서는 라인을 한국계 기업으로 보고 있지만 글로벌 시장에서 라인은 분명 일본 기업이고, 일본 시장의 비중이 가장 크다. 라인은 테크 플랫폼으로 성장하기 위해 야후와 손을 맞잡았다. 야후의 최대주주는 소프트뱅크다. 라인과 야후의 합병으로 소프트뱅크는 다시 한 번 슈퍼앱 투자자로 등장하게 되었다.

라인은 라인 파이낸셜Line Financial Corporation을 자회사로 두고 있는데, 이 부문을 키우기 위해 전략적 제휴와 투자가 필요했다. 라인 파이낸셜은 그랩 파이낸셜, 고젝 파이낸스와 동일한 모델이다. 라인 파이낸셜은 일본의 미즈호은행과 스마트폰 뱅크 사업을 추진하기로 했다. 또한 2019년 대만에 라인뱅크 설립 준비 사무소를 세웠고, 대만 인터넷 전문은행 허가를 취득했으며, 태국에서는 카시콘은행과 합작으로 모바일 뱅킹 라인BK를 론칭했다.

라인은 다른 슈퍼앱들과 달리 외부로부터의 펀딩을 통해 성장한 것이 아니라, 사업 확장에 필요한 부문에서 파트너십을 맺고 공동투자를 하는 형태를 취해왔다. 하지만 사업 자체는 독립적으로 진행할지라도, 모기업 네이버의 지원이 없었다면 이러한 전략은 불가능했을 것이다. 만약 라인이 일본을 벗어나 본격적으로 아시아 슈퍼앱의 자리를 지향한다면, 내부 자금이나 부채만으로 사업 기회를 극대화하기는 어려울 것이다. 소프트뱅크를 이끄는 손정의 회장의 투자 스타일을 고려해보면, 라인은 외부 투자자들에게 대규모 펀딩을 받고 공격적인 시장 침투 전략을 추진할 가능성이 크다. 특히 메신저앱을 가지고 있는 동남아 슈퍼앱은 라인과 잘로밖에 없는데, 소프트뱅크가 투자한 그랩과 영역이 겹치지 않는다. 물론 태국 시장에서 라인맨, 라인택시 등 그랩과 경쟁하는 서비스는 조정을 해야 할 수도 있지만, 그랩과 우버처럼 현금을 쏟아붓는 혈전을 벌이는 상황이 아니라면 그대로 유지될 가능성이 크다. 오히려 라인과 그랩의 협업이 가능한 부분이 생겨날 수도 있다.

VNG는 시작부터 텐센트의 지원을 받았고, 싱가포르 국부펀드 테마섹 홀딩스로부터 27억 7000만 달러의 투자를 받았다. 텐센트의 지원이 한몫한 것도 있지만, VNG가 설립 1년 만에 흑자를 낸 덕분에 펀딩에 적극적으로 나서지 않았던 것으로 보인다. 그러나 잘로를 기반으로 한 슈퍼앱 전략을 추진하고 이커머스와 디지털 뱅킹에 본격 등판하면 외부 투자 유치에 속도를 낼 가능성이 있다.

소프트뱅크, 테마섹, 텐센트, 알리바바는 동남아 슈퍼앱, 그리고 여러 스타트업의 투자 지도에 어김없이 등장하고 있다. 겉으로 보기에 슈퍼앱들은 경쟁 관계에 놓여 있지만, 투자자들 입장에서는 각국 시장의 1등 혹은 분야별 1등 기업에 투자하고 어느 쪽에서든 이기는 싸움을 하고 있는 것이다. 고투그룹의 토코페디아는 라자다와 경쟁하고 있지만 소프트뱅크는 양쪽에 다 투자하고 있고, 경쟁사 그랩의 대주주이기도 하다. 오포는 고페이와 경쟁하면서 그랩페이와 손을 잡을 가능성이 크다. 텐센트는 SEA에 투자하면서 고젝과 VNG의 대주주로도 이름을 올렸다.

슈퍼앱의 수직적·수평적 확장은 돌이킬 수 없는 흐름이고, 플랫폼의 본질이다. 따라서 한 기업의 투자자가 경쟁사와 파트너사에도 지분을 갖고 있는 이 복잡한 관계는 시간이 지날수록 더 다층적인 구조를 갖게 될 가능성이 크다. 동남아 디지털 경제 지형은 슈퍼앱의 전략적 판단에 의해 변화가 발생하겠지만 투자자의 관계에 따라서도 크게 달라질 전망이다.

앞서 동남아 슈퍼앱들이 디지털 결제와 모빌리티, 딜리버리 부문에서 시장 주도권을 놓고 치열하게 경쟁하고 있는 상황을 충분히 살펴보았다. 라이드헤일링은 큰 이변이 없는 한 당분간 그랩과 고젝이 주인공의 자리를 지킬 것으로 보이고, 음식 배달은 그 외 선수들이 치열하게 경쟁할 것으로 예상된다.

압도적인 승자를 가려내기 힘든 분야는 모바일 지갑과 디지털 결제 부문이다. 그랩이 1위 자리를 차지하고 있지만, 다른 슈퍼앱들도 저마다 자신만의 페이를 갖고 시장 확대에 전력을 다하고 있다. 뿐만 아니라 슈퍼앱이 아닌 지역 결제 서비스 전문 선수들도 많다.

사실 아세안 슈퍼앱들은 이미 핀테크 기업이며, 은행의 경쟁자다. 그랩페이와 고페이, 씨머니의 모바일 지갑에는 고객들이 충전한 돈이 쌓여 있고, 결제는 단순히 물건을 사는 방식에서 그치는 것이 아니라 금융 서비스로 연결하는 디딤돌이자 스프링보드 역할을 수행하고 있다. 우리가 자주 이용하는 스타벅스를 보면 쉽게 상상할 수 있다.

스타벅스는 핀테크 기업?

스타벅스는 홈그라운드인 미국에서는 물론 한국에서도 엄청난 인기를 누리고 있다. 다이어리와 같은 프로모션 제품이 등장할 때마다 '득템'하려는 인파가 몰려든다. 미국에서 가장 많이 사용되고 있는 모바일 결제앱은 애플페이나 구글페이가 아니라 스타벅스앱이다. 2000만 명 이상의 이용자들이 선불카드에 넣어둔 돈은 1조 원을 넘어섰고, 한국에서도 그 규모가 1800억 원을 넘어섰다. 스타벅스의 현금 보유 규모는 미국의 지방은행을 추월했고, 한국의 1등 카카오페이보다는 적지만 성장 속도를 고려하면 조만간 추월할 수도 있다.

선불충전금의 기하급수적인 증가는 사이렌오더 덕분이다. 매장에 도착하기 전에 음료를 미리 주문할 수 있는 시스템을 도입하자

많은 사람이 너도나도 선불카드를 이용하기 시작했고, 선물용으로
도 많이 사용되었다. 리워드 프로그램이 마케팅에 적절히 사용되면
서 고객들은 스타벅스에 충성심을 증명하고 보상을 받고자 스타벅
스앱에서 벗어날 생각을 하지 않게 되었다.

스타벅스의 전략은 업종의 본질에 대한 질문을 던지게 한다. 스
타벅스는 커피를 판매하는 것을 넘어 일종의 디지털 혹은 데이터
기반 금융업의 성격을 갖고 있다. 고객들로부터 받은 엄청난 현금
을 이자도 지불하지 않고 회사 경영이나 외부 자산 투자 등에 활용
할 수 있다. 또한 안전자산에 맡겨놓기만 해도 상당한 이자 수입을
거둘 수 있다. 심지어 스타벅스는 핀테크 기업이 아니기 때문에 금

미국에서 자주 이용되는 모바일 결제앱(단위: 만 명)

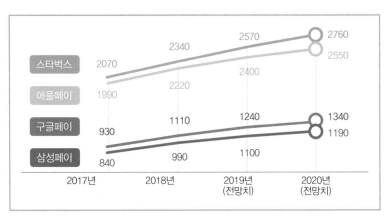

출처: eMarket

스타벅스앱과 미국 주요 금융사들의 현금 보유량(단위: 억 달러)

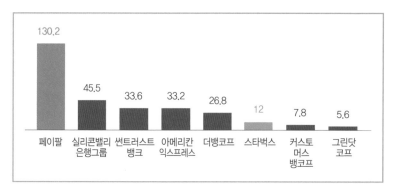

출처: S&P 글로벌마켓 인텔리전스

주요 핀테크 기업을 넘어선 스타벅스의 선불충전금

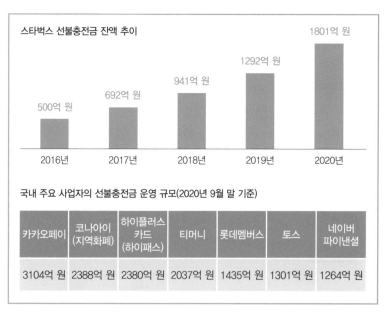

스타벅스 선불충전금 잔액 추이

	2016년	2017년	2018년	2019년	2020년
	500억 원	692억 원	941억 원	1292억 원	1801억 원

국내 주요 사업자의 선불충전금 운영 규모(2020년 9월 말 기준)

카카오페이	코나아이 (지역화폐)	하이플러스 카드 (하이패스)	티머니	롯데멤버스	토스	네이버 파이낸셜
3104억 원	2388억 원	2380억 원	2037억 원	1435억 원	1301억 원	1264억 원

출처: 스타벅스코리아, 각 사

융업 관련 규제를 받지 않는다.

스타벅스와 카카오페이, 네이버페이를 보며 은행이나 금융기관이 긴장하는 것은 당연하다. 고객들의 돈과 데이터를 놓고 경쟁해야 하는데, 편리성과 접근성에서 기존 은행들이 이들을 따라잡기가 수월하지 않기 때문이다.

슈퍼앱, 동남아 금융의 게임체인저

동남아 슈퍼앱들은 스타벅스와 비슷하다. 모바일 지갑에 고객들의 돈이 들어 있고, 플랫폼과 결제 서비스에 많은 고객을 묶어두고 있다. 그리고 은행보다 편리한 시스템과 접근성을 구축했고, 훨씬 더 많은 고객의 데이터를 보유하고 있다. 동남아 금융 서비스에서 무엇보다 중요한 것은 바로 데이터다.

그러나 슈퍼앱들은 선불충전금에 만족하지 않고, 금융만을 전담하는 자회사를 별도로 두고 적극적으로 투자를 진행하며 금융 기업으로의 변신을 꾀하고 있다. 동남아 금융 섹터가 블루오션이기 때문이다. 지금 이 순간 금융 섹터에서 슈퍼앱 2차 대전이 벌어지고 있다.

그렇다면 왜 슈퍼앱이 동남아 금융의 게임체인저일까? 공인인증서가 이용자들을 화나게 해서? 은행이 불친절해서? 답은 동남아 금융 환경의 특수성과 금융업이 본질적으로 허가와 규제 대상이라는 산업 특성에 있다.

금융 서비스를 누리지 못하는
절반의 사람들

세계은행그룹의 조사에 따르면 2014년 기준 아세안 10개국의 성인 인구 중 은행 계좌를 갖고 있는 사람은 절반밖에 안 된다. 은행 계좌는 갖고 있지만 신용카드나 보험 가입 등 금융 서비스를 충분히 누리지 못하는 언더뱅크드에 속하는 인구도 절반 가까이 된다. 신용카드가 없는 상태에서 디지털 서비스를 이용하려면 계좌 이체로 결제해야 하는데, 필리핀과 베트남에서는 그 선택도 할 수 없는 사람이 대다수였다. 이커머스로 상품을 주문하면 배송되었을 때 현금으로 지급하는 캐시 온 딜리버리Cash on Delivery가 최선의 선택일 수밖에 없는 환경이었다.

슈퍼앱들이 온디맨드 서비스를 제공하면서 모바일 지갑이나 결제 시스템을 개발하는 것은 이러한 문제점을 해결하기 위한 솔루션이었다. 그랩페이와 고페이가 등장했을 때 소비자들은 기업 못지않게 환호성을 내질렀다.

각종 페이가 나오면서 소비자들은 더 많은 서비스를 더 자주 이

은행 계좌 보유 성인 인구 비중

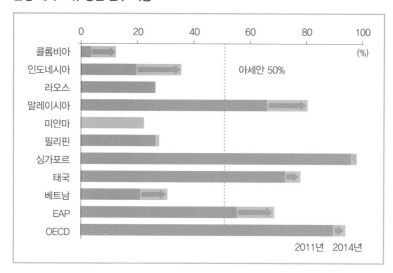

출처: 세계은행

체크카드 보유 성인 인구 비중

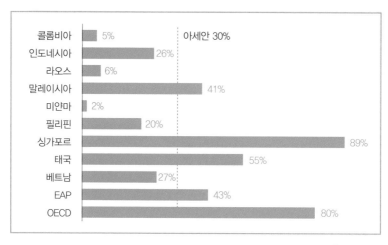

출처: 세계은행

용하고, 더 비싼 상품을 주문할 수 있게 되었다. 고젝 오토바이를 이용한 뒤 현금으로 계산하지 않아도 되었고, 좋아하는 게임을 하기 위해 바우처를 사러 나가지 않아도 되었으며, 스마트폰만 있으면 수수료 없이 신속하게 송금을 할 수 있게 되었다.

중국에서 QR코드를 찍고 결제하는 방식이 일반화된 것처럼, 동남아 소비자들도 디지털 페이로 소비하는 데 익숙해졌다. '디지털 혁신이 가져온 편리함이 바로 이런 것이구나' 하는 경험이 다른 서비스를 받아들이는 데 머뭇거리게 만든 장벽조차 자연스럽고 빠르게 무너뜨리기 시작했다.

디지털 금융 서비스를 필요로 하는 잠재 이용자가 많기는 하지만 누구나 모바일 지갑 및 디지털 결제 사업자가 될 수 있는 것은 아니다. 금융 관련 사업은 기본적으로 정부 당국의 허가를 받아야 하기 때문이다. 예를 들면 중국의 위챗페이와 알리페이는 베트남에서 허가를 받지 못했다.

뜨겁게 타오른 디지털 결제시장

디지털 결제시장은 뜨겁게 타올랐다. 디지털 결제시장의 성장 전망에 하루가 다르게 사업자들이 늘어났고, 투자도 집중되었다. 2017년 기준 동남아 전체 핀테크 펀딩의 43%가 결제 및 모바일 지갑에 몰려들었다. 인도네시아에만 결제 사업자가 30개 이상 생겨났고, 말레이시아와 태국, 싱가포르에도 여러 사업자가 등장했다.

스타트업뿐 아니라 대기업과 은행들도 디지털 결제시장에 참전했다. 태국 CP그룹의 트루머니, 말레이시아 에어아시아의 빅페이 BigPay, 인도네시아 리포그룹*의 오포가 대표적인 사례다. 대기업들은 자신들의 시장 영향력을 바탕으로 결제 가맹점을 쉽게 확보하며 보다 유리한 지형에서 출발했다.

결국 디지털 결제의 성공을 가르는 것은 단순함과 편리성이다. 사용이 간편해야 하고, 쉽게 충전할 수 있어야 하며, 다운로드 설치 및 등록 절차가 복잡하지 않아야 한다. 그리고 다른 앱이나 오프라인에서도 사용할 수 있는 충분한 환경이 조성되어 있어야 한다.

아세안 6개국에서는 그랩페이와 라인페이, 고페이, 오포, 빅페이, VN페이, 모모 등 로컬 사업자들이 강세를 보이고 있다. 알리페이와 페이팔 같은 외국 사업자들의 페이도 이용되고 있지만, 시장을 장악할 정도의 위치를 차지하지는 못했다. 동남아 이용자들의 기대치와 요구를 충족시킬 정도의 로컬라이제이션, 즉 현지화가 부족했기 때문이다.

반면 슈퍼앱들은 자신들의 고객이 무엇을 필요로 하는지, 어느

---

* 리포그룹은 목타르 리아디(Mochtar Riady)가 설립한 리포은행을 시작으로 대기업 집단으로 성장한 인도네시아 상위 10대 그룹이다. 금융, 유통, 부동산 개발, 미디어, 텔레콤, 헬스케어 등 10개 부문의 사업을 운영하고 있다.

2017년 아세안 핀테크

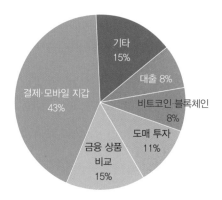

- 기타 15%
- 대출 8%
- 비트코인·블록체인 8%
- 도매 투자 11%
- 금융 상품 비교 15%
- 결제·모바일 지갑 43%

출처: UOB, Tracxn

아세안 6개국 디지털 결제시장 분포

싱가포르

Grab Pay / NETS Pay / d SINGTEL / PayPal / WeChat Pay / 支付宝 ALIPAY / Pay / liquidpay / mi UbiqPay™

말레이시아

Grab Pay / 支付宝 ALIPAY / BigPay / ipay88 / Boost™ / SAMSUNG pay / PayPal / CIMB PAY MALAYSIA / fave PAY / WeChat Pay

태국

LINE / SAMSUNG pay / 7 ELEVEN / Grab Pay / PROMPT PAY / PayPal / 支付宝 ALIPAY / WeChat Pay / MOBIAMO

지점에서 불편함을 느끼면 앱을 닫아버리는지 잘 알고 있었다. 여러 단계를 거쳐야 하는 복잡한 앱이 아닌 필요한 기능을 가볍고 쉽게 사용할 수 있는 서비스를 내놓아야 시장에서 우위를 점할 수 있다.

편리한 결제 수단의 힘은 강력했다. 모바일 지갑 이용자 수와 더불어 디지털 결제를 이용한 거래 규모가 증가했다. 증가세는 계속 될 전망이다. 보쿠Boku의 보고서에 따르면 아세안 6개국의 모바일 지갑 이용자 수는 2025년까지 4억 4000만 명에 달할 것으로 예상 된다. 이 수치는 2020년에 비해 무려 311% 증가한 것으로, 남미의

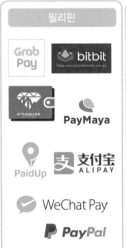

출처: UZABASE

166%, 아프리카·중동의 147% 성장률을 압도하는 성장세가 이어질 것이라는 전망이다.

구글과 테마섹, 베인앤컴퍼니는 2025년 디지털 결제 대금이 1조 2000억 달러를 초과할 것으로 내다봤다. 6억 7000만 명을 대상으로 한 디지털 금융 서비스는 동남아에서 여전히 매력적인 분야이며, 블루오션으로 간주된다. 그러나 모바일 지갑과 결제 부문은 이미 다양한 로컬과 해외 사업자들의 진출로 수백 개의 기업이 거친 경쟁을 펼치는 레드오션으로 변했다.

지역별 모바일 지갑 이용자 수 전망(단위: 백만 명)

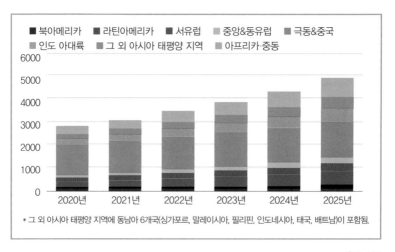

* 그 외 아시아 태평양 지역에 동남아 6개국(싱가포르, 말레이시아, 필리핀, 인도네시아, 태국, 베트남)이 포함됨.

디지털 결제 규모

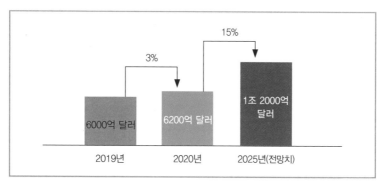

출처: 구글, 테마섹, 베인앤컴퍼니

레드오션으로 변한 디지털 결제시장

디지털 결제시장이 레드오션으로 변하면서 사업자들의 경쟁은 더욱 치열해졌다. 현재 1등 사업자는 그랩페이지만 언제든 그 자리를 빼앗길 수 있고, SEA는 이커머스를 가지고 있음에도 불구하고 결제 부문에서는 한참 낮은 순위에 머무르고 있다. 플랫폼을 갖고 있지 않은 사업자들은 슈퍼앱들과의 경쟁이 힘에 부친다. 이런 상황에서 기업의 전략적 선택은 전략적 제휴, 신규 자금 유치, 마케팅 공세, 인수합병, 매각 등이 될 것이다. 특히 경쟁이 가장 치열한 인도네시아와 베트남에서 업체들 사이의 합종연횡이 빈번하게 발생하고 있다.

그랩은 더 적극적인 시장 공략을 선택하고, 막강한 경쟁 슈퍼앱 고젝이 버티고 있는 인도네시아에 화력을 집중했다. 인도네시아 중앙은행과 금융 전문지 《아시안뱅커Asian Banker》에 따르면 인도네시아의 디지털 결제시장 규모는 2020년 139억 5만 달러로, 2016년 20억 8000만 달러에 비해 대략 7배가 커졌으며, 2021년에도 성장률이 32%에 달할 것으로 예상된다. 과거에 비해 성장률이 낮아지긴 했지만 한동안 높은 성장세가 지속될 것이 분명하다. 따라서 그랩은 이 시장에서 고페이의 아성에 계속해서 도전해왔고 이대로 멈출 수도 없다.

그랩은 이미 인도네시아의 모바일 지갑 및 결제 부문 2위 오포의 지분을 인수했고, 3위 링크아자LinkAja에도 1억 달러를 투자했다. 오포는 2016년 리포그룹이 만든 회사로, 기업가치 10억 달러를 넘기며 2019년 인도네시아의 5번째 유니콘으로 등극했다. 오포는 도쿄센츄리와 토코페디아의 투자를 받으며 성장했지만, 치열한 경쟁으로 어려움을 겪었다. 결국 대주주 리포그룹은 독자 생존이 아닌 파트너의 손을 잡기로 결정하고, 오포의 모기업 BCPPT Bumi Cakrawala Perkasa의 지분 39.2%를 그랩에 매각했다.

그랩의 다음 타깃은 4위 다나Dana였다. 2021년 그랩은 인도네시아의 테크 미디어 기업 엠텍Emtek의 지분 4%를 2억 7450만 달러에 사들였다. 투자 자회사인 H홀딩스를 통해 엠텍의 3자 배정에 참여해 지분을 취득한 것이다. 엠텍은 네이버가 1억 5000만 달러를 투

인도네시아 디지털 결제시장 규모

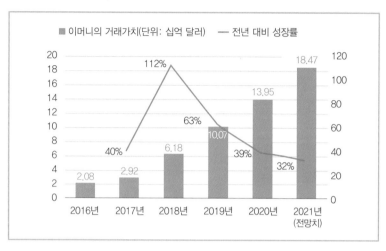

출처: 인도네시아 중앙은행, 《아시안뱅커》

인도네시아 모바일 지갑앱 이용자 수

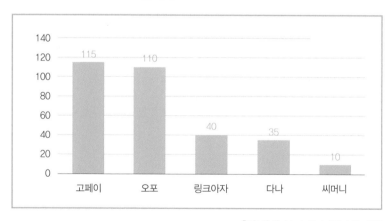

출처: 각 사, Jakarta Post, M2Insights, DBS

▶ 오포와 다나

자해 한국에 이름을 알린 기업으로, 공중파 TV 채널뿐 아니라 프로
덕션과 디지털 자회사를 통해 디지털 페이먼트 다나를 포함한 다
양한 사업 포트폴리오를 보유하고 있다.

　그랩은 오포와 다나의 합병을 추진해왔다. 알리바바가 투자한 다
나는 소프트뱅크와의 관계를 고려할 때 양사의 캐시버닝^{Cash burning}
경쟁보다는 합병이 나은 선택이었다. 합병 논의가 진행되고 있다는
이야기는 2019년부터 꾸준히 흘러나왔고, 2020년 6월에는 양사가
합병에 동의했다는 뉴스가 보도되었다. 그러나 인도네시아의 또 다
른 재벌 시나르마스 그룹이 다나 인수에 관심을 보이고 있다는 이
야기도 있어 최종 결과는 예단할 수 없는 상황이다.

그랩의 엠텍 투자 그리고 오포와 다나의 합병 추진은 핀테크 시장에서 상대적으로 낮은 시장점유율을 가진 그랩이 상장 전에 이를 해결하려는 노력으로, 인도네시아에서 고페이를 대적하겠다는 선전포고로도 해석된다. 만일 오포와 다나의 합병이 성사되면 그랩은 인도네시아 2~4위 사업자를 모두 품게 되고, 2억 명이 넘는 이용자를 확보하게 된다. 현재는 각기 다른 앱으로 존재하고 있지만, 최종적으로 그랩 플랫폼으로 연결될 수 있을 것이다.

베트남 페이시장에 대한 관심이 커지는 만큼 글로벌 투자자들의 투자와 인수합병도 뜨겁게 달아오르고 있다. 모바일 결제 서비스앱은 2020년 2월 32개에서 2021년 1월 41개로 늘어났다. 소프트뱅크와 싱가포르 국부펀드 GIC가 약 3억 달러를 투자한 VN페이는 20개 모바일 뱅킹앱과 연동된다. VN페이는 베트남의 두 번째 유니콘으로 등극했다.

투자회사 워버그 핀커스Warburg Pincus로부터 1억 달러를 투자받은 모모는 가장 많은 이용자를 보유하고 있는데, 슈퍼앱을 목표로 한다고 밝혔다. 향후 추가 투자와 서비스 확대를 추진할 전망이다. 베트남 대표 재벌 빈그룹의 VinID JSC는 모바일 지갑 몬페이Monpay를 인수했고, 비모VIMO와 엠포스MPOS의 합병으로 넥스트페이NextPay가 탄생했다. 또한 알리바바의 금융 앤트 파이낸셜은 베트남 모바일 지갑 이몽키eMonkey의 지분을 인수했다. 베트남에서 중국의 위챗페이와 알리페이가 허가를 받지 못했기 때문에 현지 기업을 인수하는 방식으로 시장 진입을 시도하고 있다.

그랩페이는 그랩 슈퍼앱의 레버리지를 충분히 활용했지만, 빠르게 성장하는 베트남 시장의 점유율을 끌어올리고자 2018년 모카와 전략적 파트너십을 맺었다. 이듬해에는 직접 모카의 지분을 인수했고, 카드사 비자VISA와 협력 체계를 갖추며 베트남 시장에 적극적 공세를 취하고 있다.

말레이시아의 에어아시아는 뒤늦게 경쟁에 뛰어들었다. 에어아시아의 페이먼트 자회사 빅페이BigPay가 2021년 한국의 SK로부터 700억 원의 투자를 받아 화제가 되기도 했다. 시장점유율로는 그랩페이와 터치앤고Touch'n Go, 부스트Boost에 밀리고 있지만, 디지털 뱅킹 라이선스 취득에 대한 기대감이 SK의 투자 결정에 영향을 미친 것

▶ 에어아시아의 페이먼트 자회사, 빅페이

으로 보인다.

1억 명이 넘는 인구를 가진 큰 시장 필리핀은 어떨까? 필리핀의 모바일 지갑 이용자는 2019년 880만 명으로, 2017년 대비 4배 가까이 증가했다. 필리핀 모바일 지갑 시장은 다른 국가와 구별되는 특징이 있는데, 해외 송금 이용자가 많고 그 금액도 크다는 점이다. 필리핀의 해외 노동자 수는 1000만 명으로, 전체 인구의 약 10%에 해당한다. 단순 근로자만 있는 것이 아니라 의사, 간호사, IT 엔지니어 등 전문직 종사자도 많다. 이들이 본국으로 보낸 돈은 2019년 351억 달러로, 필리핀 국내총생산의 약 10%를 차지한다. 필리핀 중앙은행에 따르면 2020년 팬데믹으로 인해 해외 노동자 송금액은 다소 감소했으나 2021년 1~2월 송금액은 전년 대비 5.1% 증가했다.

해외 송금을 목적으로 하는 이용자들이 많아 핀테크 사업자들은 은행 그리고 송금 서비스 업체와 파트너십을 맺고 있으며, 가상화폐와 블록체인 기반 송금 기술을 적용시킨 서비스를 다양하게 출시하고 있다. 2020년 10월 기준 필리핀 중앙은행이 가상화폐 송금으로 인정해 라이선스를 허가한 회사는 15개에 이른다. 시장점유율 1위는 G캐시GCash로, 앤트 파이낸셜과 함께 홍콩의 알리페이와 필리핀 G캐시 이용자 사이의 블록체인 기반 해외 송금 서비스를 운영하고 있다. G캐시의 모기업 민트MYNT는 글로브 텔레콤과 필리핀 대기업 아얄라Ayala Corporation, 앤트 파이낸셜이 대주주로 참여

국가별 해외 송금 유입액(단위: 십억 달러)

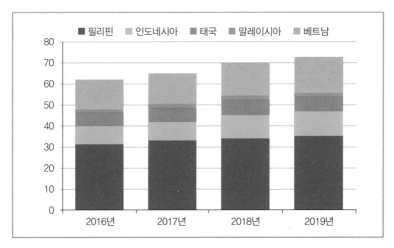

출처: 세계은행, S&P 글로벌마켓 인텔리전스

한 회사다. 고젝이 인수한 필리핀 모바일 결제 서비스 플랫폼 코인스Coins.ph와 페이마야PayMaya는 해외로부터 송금을 받을 수 있는 서비스를 제공하고, 그랩은 싱가포르와 필리핀 사이의 송금 서비스만 제공하고 있다.

동남아 슈퍼앱들은 모바일 지갑, 디지털 결제 서비스를 제공하면서 저마다 게임체인저 역할을 자처하고 있다. 그러나 그랩과 SEA만이 아세안 6개국을 모두 커버하고 있다. 가장 많은 국가에서 서비스를 제공하고 있는 사업자는 태국의 트루머니다. 고페이는 3개국, 라인페이는 2개국에 머물러 있고, 잘로페이는 베트남의 국경선을 넘지 못하고 있다. 싱가포르의 통신사 싱텔Singtel과 라인, 통신그룹 악시아타의 부스트Boost는 이용자들이 해외여행 시 해당 국가의 현지 서비스를 상호 이용할 수 있도록 제휴를 맺었다.

레드오션으로 변한 디지털 결제시장에서 슈퍼앱들은 어디로 향하고 있을까? 카카오페이가 카카오뱅크로 넘어간 것과 마찬가지로 디지털 뱅크로 무대가 바뀌고 있다. 이제 기존 은행들은 슈퍼앱, 그리고 곳곳에서 태어나 성장하고 있는 핀테크 스타트업들과 경쟁을 벌여야 한다. 한국의 카카오뱅크와 토스 같은 디지털 뱅크는 이용자들이 공인인증서 설치부터 여러 단계를 거쳐야 하는 불편함을 해결하고, 여러 은행 계좌를 한 번에 관리할 수 있는 편리함을 제공하면서 단시간에 금융시장의 판도를 바꾸었다.

동남아 디지털 뱅크는 여기에 더해 충분히 금융 서비스를 받고 있지 못하는 2~3억 명의 고객을 더 확보할 수 있다는 기회까지 있다. 디지털 뱅킹 섹터는 이제 막 닻을 올린 블루오션이다. 누가 먼저 라이선스를 받고 항해를 시작할지 지켜볼 필요가 있다.

가고 싶지 않은 은행

앞서도 언급했지만, 나는 신용카드를 발급받기 위해 현지 은행에 연간 급여와 기간이 명시된 임용 계약서를 제출해야만 했다. 단지 외국인이기 때문만은 아니었다. 말레이시아는 신용카드 발급 제약 조건이 까다롭고 절차와 승인 시스템이 복잡하다. 주식투자를 하려면 증권사에 직접 방문해 계좌 개설을 신청해야 하는데, 최소 하루 이상 지나야 심사를 거쳐 승인을 받을 수 있다. 물론 지금은 라쿠텐 트레이드Rakuten Trade와 같은 비대면 계좌 개설이 가능한 온라인 증권 거래 전문 서비스가 등장해 '주린이'들이 대거 참여하고 있다.

하지만 온라인 뱅킹은 한국보다 이용하기가 수월하다. 사람들을 지치게 만드는 공인인증서가 없기 때문이다. 그러나 온라인 뱅킹으로 처리할 수 있는 메뉴는 많지 않다. 반드시 은행에 방문해 처리해야 하는 항목들이 있는데, 은행에는 항상 여러 고객이 대기하고 있고, 담당자를 대면해 일을 처리하기까지 한두 시간으로는 부족하다.

이런 상황은 동남아 다른 지역도 크게 다르지 않다. 아니, 오히려 더 열악하다. 인도네시아는 지리적 한계로 은행 서비스가 미치지 않는 지역이 있고, 필리핀과 베트남은 은행 지점 수 자체가 매우 적다. 이것이 바로 2020년 팬데믹 발생 이후 이들 국가에서 온라인 뱅킹 이용자가 크게 늘어난 이유다.

동남아 각국에는 시가총액이 큰 은행이 많지만, 시스템 개선 속도는 매우 느리다. 기존 은행들의 시스템은 고객을 불편하게 만들고, 제도권 금융 밖에 존재하는 사람들을 배제시킨다. 동남아에서 온전한 금융 서비스를 받는 성인 인구 비율도 낮지만 수많은 자영

2019년 성인 인구 10만 명당 은행 지점 수

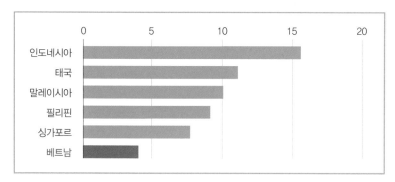

출처: 세계은행

2020년 전년 대비 모바일 뱅킹앱 이용자 수 증가율

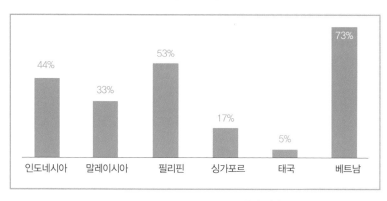

출처: 앱애니, 구글, 테마섹, 베인앤컴퍼니

업자와 소상공인 역시 소외된 상태에 놓여 있다. 이는 단지 고객 차원의 문제가 아니다. 동남아 각국 정부는 거래를 투명화하고, 자영업자나 중소기업이 대출을 받고 경제 활동을 이어갈 수 있도록 어떻게든 금융의 문턱을 낮추려고 한다. 이 장벽을 넘어설 수 있는 가장 효과적인 대안은 디지털 뱅킹이다.

디지털 은행으로 맞붙다

디지털 은행에 가장 적극적인 행보를 보이는 국가는 인도네시아다. 세계은행에 따르면 전체 인구의 52%, 약 9500만 명이 아직도 은행 계좌를 가지고 있지 않다. 금융 거래 기록이 없다는 것은 신용 정보가 전혀 없다는 뜻이다. 따라서 저축이나 투자를 통한 부의 증식이나 대출을 받을 수 있는 기회가 완벽히 차단된 상태다. 제도권 금융에서 소외된 이들은 불법 대부업의 먹잇감이 되기 일쑤다.

이러한 문제를 해결하기 위해 인도네시아 금융 당국과 중앙은행은 핀테크 분야 허가에 엄격하면서도 과감한 조치를 취해왔다. 외국계 금융기관이 인도네시아에 진출할 시 외국인 인력 수와 최대 지분율을 제한하는 등 까다로운 조건을 내걸었다. 하지만 핀테크 스타트업들에게는 혁신적인 사업 모델을 테스트할 수 있도록 '규제 샌드박스'를 도입했다. 특히 P2P 대출과 크라우드 펀딩 등을 통해 자금이 필요한 사업자와 소규모 대출이 필요한 수요에 시장이 신속하게 대응할 수 있는 길을 열어주었다. 기존 상업은행의 디지털화된 버전의 은행 론칭에 대한 법적 규제는 2018년부터 정비되었으나, 오프라인 지점이 없는 완전 디지털 은행은 규제를 가하지 않았다. 금융 당국의 은행업 리서치 및 규제 담당자 아눙 헤르리안토는 한 인터뷰에서 이렇게 말했다.

"우리는 세부 사항이나 규칙, 기반 규제를 가하지 않을 예정이다. 대신 은행이 디지털로 운영되는 원칙에 대한 가이드라인을 제시하고, 은행이 스스로 자신들의 리스크, 일어날지도 모르는 어떤 위험이라도 완화해야만 한다."

인도네시아의 첫 번째 디지털 은행은 고젝과 손을 잡은 자고은행Bank Jago이다. 자고은행은 1992년에 설립되었으며, 2020년 4월 중소기업과 개인 고객들에게 디지털 금융 서비스를 시작했다. 자신들의 플랫폼에서 디지털 금융 서비스를 제공하고 싶었던 고젝은 자고은행의 지분을 인수했다. 고젝과 토코페디아의 합병으로 탄생한 고투그룹과 자고은행은 디지털 뱅킹 시스템과 상품, 그리고 거대한 이용자를 갖춘 슈퍼앱의 만남으로 상호 레버리지 효과가 커질 것이라 예상된다.

슈퍼앱 그랩은 오포의 지분을 인수하고, 엠텍 투자를 통해 다나의 지배력을 일부 확보함으로써 인도네시아 디지털 금융 전쟁에서 더욱 적극적인 공세를 펼칠 것임을 선언한 바 있다. 최대 디지털 결제앱 오포와 다나가 합병되면 엠텍과 앤트 파이낸셜의 지원도 받게 된다. 사실 오포는 그동안 토코페디아의 인앱 결제 파트너로 함께 성장해왔다. 그랩이 오포의 주주가 되고, 고젝과 토코페디아가 합병하면서 오포는 결국 한쪽 손을 놓아야 하는 상태가 되었다. 그랩은 은행을 인수해 오포와 함께 디지털 은행으로 전환시킬 계획을 갖고 있는 것으로 알려져 있다.

또 다른 경쟁 슈퍼앱 SEA는 최대 시장 인도네시아의 디지털 뱅킹 사업을 위해 BKE^Bank Kesejahteraan Ekonomi를 인수했으며, 알라딘은행에도 관심을 두고 있다. BKE는 인도네시아의 국방부 장관인 프라보워 수비안토^Prabowo Subianto의 아버지가 설립한 소규모 금융기관이다. SEA는 다른 은행을 하나 더 인수한 뒤 두 기관을 합병시켜 새로운 디지털 은행을 출범시킬 계획이다. 인도네시아 1위 이커머스인 쇼피를 보유하고 있는 데다 씨머니인 핀테크까지 합쳐 레버리지 효과를 톡톡히 볼 수 있을 것으로 기대된다.

슈퍼앱들이 디지털 뱅킹에서 앞서나가고 있지만, 그렇다고 해서 기존 대형 은행들이 손을 놓고 있는 것은 아니다. 자체적으로 디지털 뱅킹 자회사를 만들고 독자적인 앱을 속속 내놓고 있다. 인도네시아의 대표 상업은행인 BCA^Bank Central Asia(1997년 아시아 금융위기로 인해 살림그룹이 물러나고 자롱그룹이 인수했다)는 2019년 로열은행을 인수하고, 이듬해에 BCA디지털로 사명을 변경했다. 2021년 7월 정식으로 서비스를 론칭한 BCA디지털은 모바일 지갑과 결제, 청구서

요금 납부 등에 주력하고 있으며, 추후 대출 서비스 등을 론칭할 계획이다.

또 다른 대형 은행인 BRI^{Bank Rakyat Indonesia} 역시 자회사 BRI아그로^{BRI Agroniaga}를 설립하고 디지털 은행 서비스 출범을 앞두고 있다. BRI는 정부 소유의 은행으로, 디지털화 추진의 일환으로 2021년 3월 341개 지점의 문을 닫았다.

인도네시아에 이어 본격적으로 디지털 은행이 론칭되는 시장은 싱가포르다. 싱가포르 금융 당국은 2020년 디지털 은행 라이선스 심사 결과를 발표했다. 21개 업체가 신청했고, 그랩과 싱텔의 컨소시엄, SEA가 디지털 풀 은행 허가를 받았다.

싱텔은 자체 페이먼트 서비스인 대시^{Dash}와 이지언^{EasyEarn}이라는 보험 저축 서비스를 운용하고 있다. 디지털 홀세일 은행으로는 중국의 앤트 파이낸셜과 그린랜드 컨소시엄이 선정되었다. 이 둘은 모두 중국계 사업자로, 싱가포르에 진출한 중국 중소기업들을 대상으로 기업 금융을 진행할 것으로 보인다. 싱가포르의 디지털 은행 허가 기준과 분류, 세부 지침, 가이드라인 등은 다른 동남아 국가들의 벤치마크로 작용한다.

보스턴컨설팅그룹의 보고서에 따르면 싱가포르 핀테크 스타트업들은 2021년 1분기에만 4억 9280만 달러의 펀딩을 받았다. 팬데믹에도 불구하고 전년 동기 대비 355% 증가한 수치를 기록했는데, 이는 그랩 파이낸셜 그룹의 투자 유치 덕분이다. 그랩 파이낸셜 그

▶ 디지털 은행 허가를 받은 그랩과 싱텔, SEA, 앤트그룹

룹은 시리즈 A를 통해 1월에만 3억 1320만 달러를 투자받았다. 그만큼 그랩의 디지털 금융 사업에 대한 기대감이 크다는 뜻이다. 그랩은 아세안 8개국을 아우르는 슈퍼앱이므로, 싱가포르와 인도네시아뿐 아니라 향후 말레이시아와 다른 동남아 국가에서도 디지털 결제와 은행을 합쳐 동남아 지역 통합 디지털 금융 플랫폼 선두자리를 차지할 가능성이 농후하다. 글로벌 투자자들의 베팅은 시장 기회와 그랩의 성장 잠재력에 기반한 것이다.

　디지털 은행 라이선스 발급이 예정된 곳은 말레이시아다. 말레이시아 정부와 중앙은행은 2022년 1분기까지 디지털 은행 라이선스를 최대 5개 발급할 예정이다. 2021년 6월 30일까지 사업자 신청을 받았는데, 여기에 29개 회사가 신청해 치열한 경쟁을 예고했다. 그 랩과 싱텔, SEA도 도전장을 던진 것으로 알려져 있다. 이외에 핀테 크 기업 레이저, 빅페이의 에어아시아, 통신그룹 악시아타 등이 참 여했다.

2021년 4월 필리핀 중앙은행은 금융 소외자들을 위해 디지털 은 행을 5개 허가할 것이며, 최소 10억 페소(2035만 달러)의 자본금 요 건을 충족시켜야 한다고 발표했다. 2021년 7월까지 4개 업체가 선 정되었는데, 디지털 은행 토닉Tonik과 우노뱅크UNO Bank, 필리핀 국영 은행Overseas Filipino Bank, 유니온뱅크Union Bank가 그 주인공이다. 토닉은 2018년에 설립된 토닉 파이낸셜이라는 핀테크 기업에서 출발했으 며, 2020년 필리핀 당국으로부터 은행업 허가를 받았다. 필리핀 최 초 디지털 온리digital-only 신규 은행으로 라이선스를 받은 토닉은 글 로벌 벤처 투자사인 세콰이어 인디아와 포인트72 벤처스로부터 2100만 달러를 투자받았다. 필리핀은 인구의 70%가량이 금융 서 비스를 받지 못하고 있는 만큼 디지털 금융 분야 가능성이 매우 큰 시장이다.

베트남도 사정은 비슷하다. 금융 서비스를 받지 못하는 인구가 매우 많다. 현금을 중시하는 풍토가 점차 누그러져 가고 있었으나 팬데믹이 흐름을 순식간에 바꿔놓았다. 금융업은 기본적으로 허가 와 규제가 많은 분야라 정부의 입장이 무엇보다 중요한데, 베트남 정부도 캐시리스와 디지털 금융에 관심을 갖고 이를 적용할 수 있는 정책적 지원에 나섰다. 2020년 1월 응웬 쑤언 푹Nguyễn Xuân Phúc 총리는 '2030년 포괄적 국가 금융 전략안'에 서명했다. 이 전략안은 개인과 중소기업, 소상공인 등 금융 서비스에서 소외된 계층의 접근성과 편의를 증대하는 것을 목표로 하고 있다.

이러한 기조하에 2021년 베트남 최초의 디지털 은행인 케이크 디지털 은행Cake Digital Bank이 출범했다. 라이드헤일링 사업자인 비 그룹Be Group과 VP은행이 조인트벤처로 비 파이낸셜을 설립해 디지털 은행을 론칭한 것이다. 비 파이낸셜은 개인 고객과 비앱의 기사들 그리고 중소기업을 대상으로 결제 및 대출 서비스를 제공해왔는데, 이를 기반으로 디지털 금융 서비스로 확장했다.

슈퍼앱들이 디지털 은행에서 격돌하는 것은 피할 수 없다. 베트남과 필리핀에서는 자체 로컬 업체들을 육성하려는 의지가 강해 이 시장에서 금융 서비스를 확대하고자 한다면 인수합병, 파트너십, 제한적인 지분 투자 등의 단계를 거쳐야 할 가능성이 크다.

그렇다면 태국은 어떨까? 태국 중앙은행은 디지털 은행 라이선스 가능성은 언급했지만 구체적인 일정이나 허가 요건은 발표하지 않았다. 그러나 그랩과 고투그룹, SEA에 비해 존재감이 약한 메시징 기반 슈퍼앱 라인이 동남아를 넘어 아시아 디지털 금융 기업으로 발돋움하고 있으며, 한발 더 빠른 전략을 펼치고 있다. 라인은 무슨 일을 벌이고 있는 걸까?

라인은 금융 특화 슈퍼앱이 될 수 있을까?

라인은 일본과 대만, 태국에서 가장 많이 쓰이는 메시지앱을 보유하고 있다. 메시지를 기반으로 뉴스 포털, 온디맨드 라인맨 서비스를 갖추며 온전한 플랫폼으로 자리 잡았고, 아시아 슈퍼앱을 향해 나아가고 있다. 라인이 최근 주력하는 사업은 콘텐츠와 금융이다. 콘텐츠에 대해서는 이후에 논의하기로 하고, 여기서는 금융 부문을 집중적으로 살펴보자.

라인의 디지털 은행 사업은 일본과 대만에서부터 시작되었다. 일본에서는 미즈호은행과 손잡고 스마트폰 뱅크 사업을 준비하고 있고, 대만에서는 푸본은행과 합작으로 라인은행을 론칭했다. 그리고 2020년에는 태국에서 카시콘은행과 손을 잡고 라인BK를 출범시켰다. 연달아 론칭 소식을 전하는 라인의 전략은 메신저 시장에서 확실히 우위를 보이는 아시아 각국에서 디지털 금융을 접수하겠다는 의지로 읽힌다.

라인BK는 2020년 10월 출시된 이래 매일 최대 5만 개의 은행 계좌가 개설되고, 하루 4만 명 이상의 고객이 신용대출을 신청하는 등 흥행을 이어가고 있다. 라인BK를 통해 모바일 기반 고객 계좌를 개설할 수 있으며, 플랫폼 안에서 예금과 체크카드 발급, 신용대출 등의 서비스를 편리하게 이용할 수 있다. 모토가 '내 손 안의 금융'인 만큼 편리성과 접근성에 초점을 맞춘 서비스로 시장에 돌풍을

태국 래빗 라인페이 지분구조

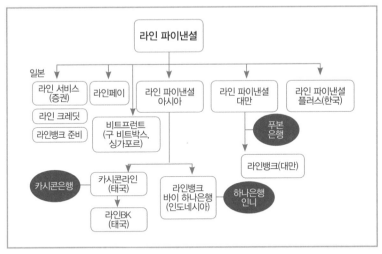

일으키고 있다.

　라인은 대만과 태국에 이어 인도네시아로 향해 하나은행과 공동으로 디지털 은행 라인뱅크 바이 하나은행Line Bank by Hana Bank을 설립했다. 금융 당국의 승인과 인도네시아 중앙은행의 최종 허가를 받고 2021년 6월 10일 공식 론칭했다. 라인은 하나은행 인도네시아 법인 지분 20%를 보유하고 있으며, 두 기업은 라인의 메신저 플랫폼을 활용해 비대면 계좌 개설, 일반 저축 및 정기예금, 직불카드 발급 서비스 등을 제공하며 향후 보다 다양한 서비스로 확대해나가는 그림을 그리고 있다.

이미 메시지 기반 플랫폼으로 자리 잡은 시장이기 때문에 금융과 기존 비즈니스 영역과의 시너지와 레버리지 효과가 기대되는 것은 당연하지만, 단시간 내에 연이은 출범 소식은 라인이 상당 기간 금융 서비스를 준비해왔다는 것을 암시하기도 한다. 앞으로 네이버의 동남아 투자와 콘텐츠 시장 진출 전략과도 발을 맞추며 더 큰 시장으로 향할 것이라 예상된다. 무엇보다 소프트뱅크가 대주주인 야후와의 합병 이후 일본 금융시장에서의 성패 여부가 해외시장 확대에 영향을 미칠 것으로 보인다.

은행을 넘어 금융 기업으로

슈퍼앱들은 디지털 은행뿐 아니라 할부 금융, 보험 판매, 투자와 자산 관리 서비스 등에도 손을 뻗치고 있다. 파이낸셜 부문에서 가장 다양한 상품과 서비스로 포트폴리오를 구성하고 있는 슈퍼앱은 고투그룹의 고투 파이낸셜이다. 고투 파이낸셜은 개인 고객을 위한 후불 결제, 일명 BNPL 서비스부터 비즈니스에 필요한 POS 시스템, 온라인 스토어 웹 사이트 구축 플랫폼, 페이먼트 게이트웨이 솔루션, 보험, 투자, 기부까지 다양한 서비스를 제공하고 있다. 고인베스타시GoInvestasi는 금을 사고팔 수 있는 금 투자 플랫폼이다.

그랩만 보더라도 그랩 파이낸셜에 그랩페이와 BNPL, 보험, 사용 금액에 따른 포인트 관리 그랩리워드가 있다. 주목할 만한 섹터는 그랩인베스트GrabInvest다. 그랩 파이낸셜의 투자 섹터에는 오토인베스트AutoInvest라는 프로그램이 있다. 그랩을 사용할 때마다 1달러 혹은 2달러 등 일정 금액을 투자하도록 설계해놓으면, 그 돈이 투자 상품으로 들어가 운용되고 수익금이 다시 그랩페이 모바일 지갑으로 되돌아오는 구조다. 운영은 풀러튼 펀드 매니지먼트Fullerton Fund Management와 UOB자산운용이 맡고 있다. 투자에 관심이 많지만 한꺼번에 목돈을 투자할 수 없는 젊은이들을 타깃으로 만든 상품이

고투 파이낸셜

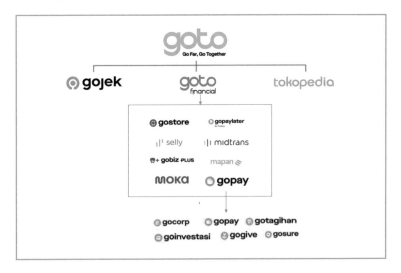

다. 2020년 로보어드바이저 스타트업 벤토^{Bento}를 인수할 때부터 그 랩이 추후 자산 관리 분야에 뛰어들 것이라 예견되었다. 디지털 은행과 보험 및 투자 상품 연계에 향후 개인 자산 어드바이저 서비스까지 추가되면 그랩은 모바일에 익숙한 세대에 진정한 금융 기업으로 인식될 가능성이 크다. 한국의 카카오뱅크와 토스처럼 말이다.

BNPL의 선구자, 핀액셀

미국 젊은이들 사이에서 BNPL이 뜬다고 화제를 불러일으키고 있지만, 동남아에서도 이러한 서비스는 이미 인기를 끌고 있었다. 대표 기업이 바로 핀액셀^{FinAccel}이다. 핀액셀은 2015년에 설립된 싱가포르 핀테크 기업으로, 단기 신용대출과 소기업 재무 관리 지원 서비스앱을 출시했다. 단기 신용대출과 할부 구매를 제공하는 앱인 크레디보^{Kredivo}는 인도네시아에서 선 구매 후 결제 서비스를 일찌감치 내놓았다. 금융 서비스 이용률이 낮은 인도네시아에서는 상당수의 고객이 신용카드가 없어 고가 상품을 구매하기 어렵고, 할부 구매도 불가능하다. 이러한 고객들의 니즈를 겨냥해 나온 서비스가 바로 크레디보다. 고객들은 일시불의 부담을 덜 수 있고, 이커머스 측은 고가 상품을 거래할 수 있어 양측 모두에게 도움이 되는 서비스다.

크레디보는 온라인 쇼핑몰이나 음식 배달앱 등을 이용할 때 고객 신용으로 100~2200달러까지 대출해주며, 원금을 갚는 기간에 따라 이자를 부과한다. 초단기 대출은 이자가 부과되지 않으며, 중기 대출이나 할부 상환도 시장 내 최저 이자율을 적용한다. 간단한 정보를 등록하면 AI가 판단해 금액을 먼저 결제해주는데, 이때 신용평가를 위해 전화요금 납부 여부, 소셜미디어 이용 내역 등 다양한 정보를 취합한다.

크레디보는 인도네시아 이커머스 결제 창에 옵션으로 있을 정도로 성장했고, 해외시장에도 진출했다. 이 기업의 비즈니스 모델과 성장 가능성을 눈여겨본 글로벌 투자자들은 투자를 아끼지 않았다. 한국의 미래에셋과 네이버가 결성한 아시아그로스펀드에서도 9000만 달러를 투자했다.

2021년 8월 핀액셀은 미국 나스닥에 스팩 방식으로 상장할 것이라고 발표했으며, VPC 임팩트 애쿼지션 홀딩스 II^{VPC Impact Acquisition Holdings II}와 합병할 예정이다. BNPL 대표 주자인 호주의 애프터페이^{Afterpay}는 2021년 미국 스퀘어가 290억 달러에 인수했고, 미국의 어펌^{Affirm}의 시가총액은 296억 달러로 치솟았다. 리스크에 대한 우려가 있고, 시장 상황이나 주요 이용자 구성에서의 차이를 감안하더라도 25억 달러로 평가받는 핀액셀이 시장에서 어떤 평가를 받게 될런지 벤치마크로 비교해볼 수는 있을 것이다.

2021년 8월 카카오뱅크가 한국 주식시장에 상장되었다. 상장일 이전부터 카카오뱅크의 밸류에이션과 주가 향방에 국내외 투자자들의 관심이 집중되었다. 디지털 뱅크가 주식시장에 본격 등판하는 최초의 이벤트였기 때문이다. 페이스북과 같은 소셜미디어, 아마존과 같은 이커머스의 등장은 이미 겪어봤고, 페이팔과 같은 디지털 결제 스타트업의 IPO도 있었지만, 진짜 디지털 뱅킹을 구현한 기업의 상장은 카카오뱅크가 처음이다. 플랫폼 기업은 이제 새로운 개념도, 새로운 비즈니스 모델도 아니다. 디지털 뱅킹, 디지털 금융 플랫폼도 더 이상 생소하지 않다.

동남아 슈퍼앱들이 현재의 단순한 금융 서비스에 디지털 은행까지 갖추게 되면 어떻게 될까? 신용평가에 사용될 수 있는 다양한 정보와 이용자 수, 은행의 문턱을 고려하면 어쩌면 우리가 한국에서 목격한 성과보다 더 큰 폭발력으로 시장의 판도를 바꿀지도 모른다.

이커머스 성장을 따라가지 못하는 물류

동남아 디지털 경제에서 가장 큰 비중을 차지하고 있는 부문은 이커머스다. 2020년 팬데믹 상황에서 동남아 이커머스 시장은 크게 성장했다. 구글과 테마섹, 베인앤컴퍼니의 보고서에 따르면 동남아 디지털 경제 규모는 2019년 1000억 달러에서 2020년 1050억 달러 증가하는 데 그쳤지만, 이커머스는 2019년 380억 달러에서 2020년 620억 달러로 증가할 것으로 보았다. 리서치 회사 PPRO에 따르면 동남아 이커머스 시장은 2021년 5.5% 성장이 예상된다. 동남아 이커머스의 폭발적 성장은 이커머스 마켓플레이스뿐 아니라 식료품 장보기를 이용하는 소비자와 구매 금액 증가가 동시에 발생했기에 가능했다. 2025년 이커머스는 1720억 달러, 디지털 경제 규모는 3000억 달러로 규모가 커질 것이라는 전망이다.

이렇듯 빠르게 성장하는 동남아 이커머스 시장을 주름잡는 슈퍼 앱은 SEA와 고투그룹의 토코페디아, 둘 뿐이다. 미국의 아마존처럼 압도적인 강자가 존재하는 상황이 아니고, 지역 마켓을 가진 리더들과 로컬 강자들이 격렬한 전쟁을 치르고 있다. 라자다는 동남아 6개국에서 서비스를 하고 있지만 쇼피에 밀리고 있고, 또 다른 이커머스 유니콘 부칼라팍^{Bukalapak}은 해외 진출을 하지 않으면 수세적인 입장에 몰릴 수밖에 없다.

베트남의 이커머스 플랫폼 티키^{Tiki}는 지금까지 1억 9250만 달러를 투자받았고, 센도^{Sendo}는 1억 1200만 달러의 펀딩을 받았다. 베트남의 이커머스는 향후 높은 성장성이 기대되고 있지만. 티키와 센도가 쇼피와 라자다에 맞서 극한 경쟁을 벌이고 있는 상황이다. 티키와 센도의 합병이 성사되었더라면 상장도 고려해볼 수 있었을 것이다.

그랩과 라인, 잘로 역시 자신들의 플랫폼에 쇼핑 부문이 있지만 메인 서비스가 아니며, 쇼피와 같은 마켓플레이스를 만든 것도 아니다. 따라서 SEA와 고투그룹의 매출 규모에서 크게 밀릴 수밖에 없다. 네이버와 카카오가 플랫폼으로 군림하면서 쇼핑을 놓아버리

동남아 이커머스 주요 플레이어

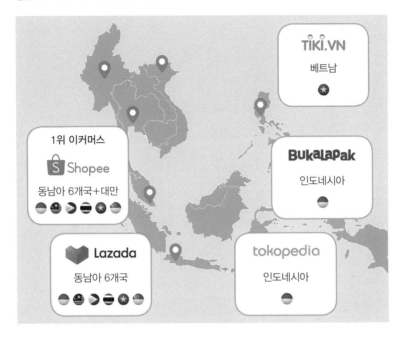

는 것이 아니라 어떻게든 쇼핑 섹터를 키우려고 하는 이유도 커머스가 기업 성장에 큰 기여를 할 수 있기 때문이다. 쿠팡의 높은 밸류에이션의 힘은 이커머스 1위에서 비롯된 것이다. 경쟁이 극심해지면 커머스를 품지 못한 슈퍼앱들에게 남은 선택지는 리스크를 지고 스스로 만들어내거나, 인수합병을 통해 시장에 진입하는 방법밖에 없다.

넥스트 커머스

이커머스 강자들이 온라인 수요를 모두 흡수하고 있지만, 아직 남아 있는 분야가 있다. 패션커머스와 취향커머스가 대표적이다. 한국에서도 쿠팡이 점령하지 못한 분야가 바로 패션 부문이다. 가장 큰 규모를 자랑하는 잘로라^{Zalora}와 질링고^{Zilingo}가 시장을 선도하고 있지만, 동남아 시장의 다양성과 성숙도가 패션커머스 성장의 발목을 잡고 있다. 쉽게 말해, 무신사와 같은 리더는 아직 없다는 뜻이다.

그런 측면에서 네이버의 패션 플랫폼 스타트업 브랜디^{Brandi} 투자, 신세계 SSG닷컴의 W컨셉 인수, 카카오의 지그재그^{ZigZag} 인수 등은 시사하는 바가 크다. 후발주자로서 쇼피, 그리고 토코페디아와 맞붙기보다 본격적으로 성장 단계에 진입하는 특화된 커머스에 진출할 가능성이 크다.

동남아에서 인기를 끌고 있는 소셜커머스도 진출 고려 대상이 될 수 있다. 미국과 중국, 한국에서는 아마존, 알리바바, 쿠팡과 같은 거대한 이커머스 플랫폼이 지배하고 있지만, 동남아에서는 페이스북, 왓츠앱, 틱톡, 라인과 같은 소셜미디어에 결합된 소셜커머스가 차지하는 비중이 크다. 컨설팅 업체 베인앤컴퍼니에 따르면 2020년 동남아 이커머스 규모는 190억 달러이며, 이 중 소셜커머스가 44%를 차지하고 있다.

소셜커머스는 팬데믹 기간을 거치며 동남아 4개국에서 성장을 거듭했다. 주문량은 116%, 거래액은 307%나 상승했다. 동남아인들의 소셜미디어 사랑은 매우 유명하다. 16~24세 소위 Z세대는 깨어 있는 시간의 60%, 하루 평균 10시간을 온라인에서 보내고 있고, 소셜미디어 이용 시간은 평균 3시간 45분이다. 그만큼 그들은 소셜미디어의 영향을 많이 받는다.

동남아인들이 소셜커머스를 애정하는 이유 중 하나는 판매자와의 소통이 쉽기 때문이다. 라이브커머스가 급속하게 성장한 것은 고객들이 상품과 브랜드, 배송, 교환, 환불 등에 대해 자세히 물어볼 수 있으면서도 온라인상에서 상호 연결되어 있다는 느낌을 중요시 여기기 때문이다. 쇼피의 성공이 쇼피챗과 쇼피피드, 쇼피라이브에 힘입은 바가 크다는 것을 다시 한 번 상기할 필요가 있다.

여러 슈퍼앱 중 메신저를 기반으로 한 라인이 소셜커머스에서 성장세를 보이고 있다. 라인에 따르면 2020년 팬데믹 덕에 공식 계정이 25% 증가했으며, 심지어 럭셔리 브랜드의 대명사 샤넬과 루이비통까지 등장했다고 한다. 태국 라인의 CCO는 이렇게 말했다.

"챗커머스가 파괴자가 되었다. 중소기업뿐 아니라 글로벌, 그리고 로컬 기업 브랜드까지 챗커머스를 실행하고 있다."

베트남의 미오Mio, 인도네시아의 슈퍼Super와 끼타벨리Kitabeli, 필리핀의 리셀리Resellee와 같은 소셜커머스는 아직 규모는 작지만 부수입을 올리고 싶어 하는 사람들과 구매력이 크지 않는 고객들에게

2020년 동남아 소셜커머스 현황(단위: 십억 달러)

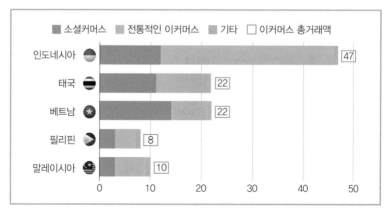

출처: 베인앤코, 블룸버그

2020년 동남아 소셜커머스 평균 성장률

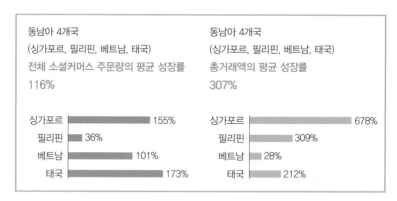

출처: iKala

244

소셜커머스 소비자 구성 비율

	13~17세		18~24세		25~34세		35~44세	
	여성	남성	여성	남성	여성	남성	여성	남성
태국	1.0%	0.0%	15.0%	4.0%	31.0%	8.0%	21.0%	4.0%
베트남	2.0%	2.0%	20.0%	12.0%	32.0%	10.0%	14.0%	4.0%
필리핀	0.5%	0.5%	23.0%	4.0%	34.0%	7.0%	19.0%	3.0%
싱가포르	0.0%	0.0%	3.0%	0.0%	23.0%	6.0%	28.0%	8.0%

출처: iKala

어필하고 있다. 미오의 경우 소도시와 지방에 살고 있는 25~35세 여성을 타깃으로 하고 있다. 그들은 에이전트나 리셀러로 활동하며 가계 부수입을 올리고 싶어 한다. 평균 가계 수입은 350달러 이하인데, 미오 리셀러의 경우 평균 200~300달러의 수입을 올린다. 주문당 10%를 커미션으로 받고 월별 성과에 따라 추가 수수료를 받는다.

취미·라이프스타일 이커머스도 동남아에 등장하기 시작했다. 태국 스타트업 머큘라Mercular는 스포츠와 게임, 음악 등 이용자들의 취미생활에 필요한 제품을 판매한다. 기존 동남아 이커머스 플랫폼이 가격 경쟁에 몰두하는 것과 달리 이용자들의 취향을 만족시키는 '맞춤 경험'을 제공하는 것으로 차별화를 시도하고 있다. 머큘라는 제품만 제공하는 것이 아니라 판매 이전, 이후 상품 리뷰를 상세히 전달하고, 불만 사항을 제때 처리하면서 취미 관련 상품을 구매하려는 이들의 만족도를 끌어올리는 옴니채널 서비스 구현을 목표로 하고 있다.

커머스를 품지 않으면 제아무리 슈퍼앱이라 하더라도 덩치를 키우기가 쉽지 않다. 가장 난감한 곳은 그랩이다. 메시지 기반 플랫폼 라인과 잘로는 결국 소셜커머스 비중을 높여갈 것이고, 토코페디아와 쇼피 역시 이 시장의 주도권을 놓치지 않으려 전력을 다할 것이다. 소셜커머스의 주요 고객은 여성 MZ세대다. 결국 이들의 마음을 얻는 곳이 승리의 깃발을 거머쥘 것이다.

물류를 잡아라

이커머스의 장점은 다양한 제품을 비교해본 뒤 쉽게 구매하고 집에서 편안하게 받아볼 수 있다는 것이다. 이 편리함을 맛본 고객들은 과거로 돌아가기 어렵다. 동남아 이커머스는 결제의 허들은 넘었지만 물류의 장벽은 온전히 넘지 못하고 있고, 제품 라인업도 아직은 가야 할 길이 남아 있다. 쿠팡이 싱가포르 진출 계획을 밝힌 것도 동남아 이커머스가 물류에 발목이 잡혀 있다는 사실을 잘 알고 있기 때문이다.

배송이 너무 느리다면, 만족할 만한 제품을 찾을 수 없다면 이커머스를 이용할 유인이 줄어든다. 팬데믹 여파로 이커머스 이용자가 급증하면서 물류시장도 팽창하고 있다. 시장조사기관 인사이트 파트너스Insight Partners에 따르면 동남아 물류시장 규모는 2025년까지 550억 달러에 도달할 것으로 예상된다. 동남아 이커머스는 이제 수평적·수직적 확장을 진행하고 있고, 이 성장을 뒷받침하려면 핵심인 물류, 그리고 오프라인에서 온라인으로 이동을 가능케 하는 이커머스 인에이블러enabler(조력자)가 함께 레벨업되어야 한다.

이커머스를 가진 슈퍼앱들은 자체 물류 서비스에 대한 고객만족도를 높이는 데 주력하는 반면, 딜리버리 서비스를 가진 슈퍼앱들은 라스트마일에서 한 단계 더 나아간 물류 사업자가 되는 길을 살피고 있다. 그리고 독자적인 물류 스타트업과 인에이블러들이 시장에 새로운 스타로 떠오르고 있다.

각 플랫폼의 배송 서비스 고객만족도

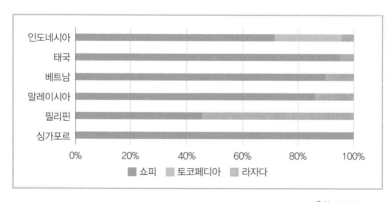

출처: DJY Research

SEA의 쇼피는 배송 부문에서 경쟁사들보다 높은 평가를 받고 있다. 오늘 주문하면 내일 도착하는 한국의 '빠름'과는 비교할 수 없지만, 필리핀을 제외하고 동남아 5개국에서 고객들의 압도적인 지지를 받았다. 반면 라자다는 인도네시아에서 쇼피와 토코페디아 모두에게 밀렸다. 라자다는 이 문제를 해결하기 위해 그랩의 손을 잡았다.

그랩은 그랩익스프레스라는 자체 퀵서비스를 갖추고 있어 라자다와 식품 배달 서비스 해피프레시, 하이네켄 등과 배송 파트너십을 맺었다. 그러나 동남아 6개국 150개 도시를 커버하는 것만으로는 부족했기에 보다 광범위한 네트워크 구축이 필요했다. 그때 450개 도시에서 서비스를 제공하고 있던 배송 스타트업 닌자밴^{Ninja Van}이 눈에 들어왔다. 그랩은 닌자밴에 투자하면서 닌자밴 서비스를 그랩익스프레스에 통합시키며 물류 서비스를 확장시켰다.

고젝은 고센드^{GoSend}와 고박스^{GoBox}를 통해 배송 서비스를 제공해왔고, 이제 토코페디아와 한 집안 식구가 되었으므로 본격적으로 이커머스 라스트마일 혹은 그 이상의 물류 시스템에 발을 디딜 것으로 보인다. 라인은 라인맨을 통해 각종 온디맨드 딜리버리를 담당해왔다. 태국 곳곳에서 라인맨들이 활동하고 있기 때문에 라인은 음식 배달이나 일부 퀵서비스에 그치는 것이 아니라, 본격적인 물류 서비스 사업자가 되는 것을 표방하고 있다.

물류시장의 성장은 의심할 여지가 없는 현실이고, 미래다. 인도네시아는 1만 7000개의 섬으로 이루어져 있고, 남북으로 긴 베트남은 고속도로 연결이 미비하다. 인프라의 한계를 딛고 누가 더 업그레이드된 배송 시스템을 갖출 것인가, 누가 더 나은 고객 경험을 제시할 것인가를 두고 슈퍼앱들의 경쟁이 계속될 것이다. 고객 입장에서는 즐거운 상황이다.

2021년 물류 유니콘 탄생의 해

기회가 있다고 생각되는 곳에는 투자가 몰린다. 물류 스타트업 투자는 2020년 32개의 딜에서 8억 달러에 그쳤지만, 2021년 상반기에는 4개의 딜에서 21억 달러 이상으로 상승했다. 투자를 받은 4곳은 J&T익스프레스와 시즈팟Sicepat, 로지Lozi, 안다린Andalin이다. 추가로 8월에는 태국의 플래시Flash가 1억 5000만 달러 펀딩에 성공했다. 그 덕에 2021년 상반기 J&T익스프레스와 플래시는 기업가치가 10억 달러 이상인 유니콘으로 등극했다.

J&T익스프레스는 중국의 스마트폰 제조업체 오포Oppo의 창립자 토니 첸Tony Chen과 젯 리Jet Lee가 2015년에 설립한 인도네시아 기반 스타트업으로, 인도네시아 대표 이커머스 유니콘 토코페디아와 부칼라팍, 쇼피 등과 파트너십을 맺으며 성장해왔다. 현재 말레이시아와 베트남, 태국, 싱가포르, 캄보디아, 중국에 서비스를 제공하고

동남아 물류 스타트업 펀딩

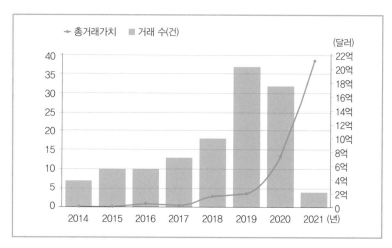

출처: Tech in Asia

있으며, IPO를 계획하고 있다. 2020년 펜데믹으로 인해 이커머스 물량이 증가하고, 물류 및 창고 수요가 폭증하면서 J&T익스프레스의 가치도 50~60억 달러 이상으로 높아졌을 것으로 추정된다.

태국 기반 이커머스 물류 기업 플래시 그룹은 2021년 1억 5000만 달러 펀딩을 받고 태국 최초의 유니콘이 되었다. 창립자 콤산 리 Komsan Lee는 5년 이내에 플래시 익스프레스와 플래시 풀필먼트를 동남아 상위 3위 기업에 이름을 올려 태국을 역내 물류 허브로 만드는 데 일조하겠다는 야심찬 포부를 밝혔다.

치앙라이 북부 지방의 중국계 후손으로 태어난 콤산 리는 대학

동남아 물류 서비스 제공 업체들

교 1학년 때 첫 사업을 시작했고, 그 후로 여러 벤처 회사에서 일을 하다 미국, 일본, 중국으로 물품을 나르는 물류 회사를 운영하게 되었다. 이것이 바로 플래시 익스프레스의 시작이다. 이커머스의 성장을 위해서는 물류가 뒷받침되어야 하는데, 플래시는 그 정도 규모의 시장이 생겨난 바로 그 순간에 사업을 시작했다. 콤산 리는 적절한 타이밍과 적절한 시장 그리고 좋은 팀이 성공 요인이라고 이야기했다.

플래시는 공격적인 가격 전략으로 틈새시장을 파고들었다. 기존 업자들이 60바트의 요금을 요구할 때 플래시는 25바트를 제시했다. 그리고 그 가격을 감당할 수 있는 기술적인 지원을 위해 중국에 300명의 개발자를 두고 있다. 플래시는 1일 내 배송을 위해 서비

▶ 플래시 익스프레스

스 지점을 지방까지 확대할 계획이며, 배송 인력도 증원할 계획이다. 또한 플래시페이FlashPay와 대출과 같은 금융 서비스와 주유소도 론칭할 계획이다. 나아가 해외 진출도 계획하고 있으며, 그 이후에 IPO를 진행할 계획이다.

모든 것이 콘텐츠다

'콘텐츠가 전부다', '콘텐츠의 시대'라는 말을 자주 들어봤을 것이다. 사람들이 매일 마주하고, 즐기고, 소비하는 다양한 디지털 정보와 저작물이 그만큼 힘을 갖고 있다는 뜻이다. 팬데믹으로 인해 어쩔 수 없이 집에서 보내는 시간이 길어지면서 각종 스트리밍 서비스와 게임, 콘텐츠 섹터가 크게 성장했다. 온라인 미디어를 통해 음악과 비디오 등의 콘텐츠 시장 규모도 2020년 170억 달러로 전년 대비 22%나 증가했다.

특히 눈에 띄는 분야는 게임이다. 게임시장을 분석하는 기업인 뉴주NewZoo의 자료에 따르면 동남아는 전 세계에서 모바일 게임시장이 가장 빠르게 성장하는 지역이다. 베리즌 리포트에 따르면 2020년 1차 록다운 기간 동안 모바일 게임 이용이 이전에 비해

동남아 온라인 미디어 거래액

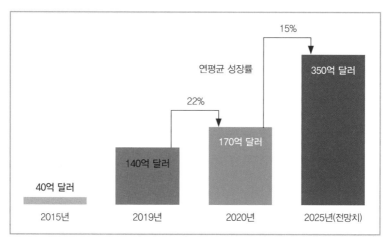

출처: 구글, 테마섹, 베인앤컴퍼니

75% 증가했으며, 3월 5일부터 4월 5일까지 모바일 게임 다운로드
는 23억 회 이상 발생했다. 이는 전년 동기 대비 50~60% 증가한
수치다.

시장조사 업체 IDC의 분석에 따르면 2020년 글로벌 비디오 게임
매출도 20% 증가했다. 동남아 인구의 평균 연령은 30세이고, MZ세
대에 해당하는 젊은층 인구 비율이 높다. 그들은 모바일 퍼스트 세
대로, 디지털 엔터테인먼트 중 모바일 게임을 가장 많이 즐기고 있
는 것으로 보인다.

게임의 인기는 e스포츠의 인기로 이어졌다. 2019년 필리핀에서
열린 동남아시안게임(SEA게임)에서 e스포츠가 정식 종목으로 채택
되기도 했다. 싱가포르는 이러한 인기에 올라타 2021년 1월 모바일
레전드 뱅뱅Mobile Legends: Bang Bang 게임의 역대 최대 토너먼트 대회를
개최했다. 30만 달러의 상금이 걸린 이 대회에 많은 사람이 관심을
보였고, e스포츠 역사상 4번째로 가장 많은 시청자 수(308만 명)를
기록했다.

동남아 디지털 콘텐츠 소비 증가는 한류와도 관련이 있다. 넷플
릭스, 디즈니플러스와 같은 OTT 가입자가 증가했는데, 인기 상위
권에 한국 드라마가 다수 이름을 올렸다. 드라마 「이태원 클라쓰」,
「사랑의 불시착」, 「킹덤」 등의 한국 콘텐츠가 동남아를 휩쓸었다.
유튜브에서 이른바 '먹방'이 유행하는 것도 한국에서 비롯되었다.
삼양라면의 '불닭볶음면'이 히트 상품이 된 것도 바로 먹방 때문이

다. 음식 자체가 콘텐츠로 진화한 것이다. 불닭볶음면을 계기로 동남아에서는 먹방 장르가 대세가 되었다.

말레이시아 정수기 시장에서 1위를 달리고 있는 코웨이는 2019년 한국의 걸그룹 원더걸스의 노래 「노바디」를 개사한 뮤직비디오 스타일의 광고를 공개했다. 광고로는 드물게 공개 한 달 만에 조회 수 1000만 회를 돌파하며 큰 인기를 끌었다. 광고도 콘텐츠로 소비하고 있는 것이다.

새롭게 인기몰이를 하고 있는 또 다른 디지털 콘텐츠는 바로 웹툰이다. 미래에셋대우 리서치센터의 보고서는 웹툰을 '동영상 콘텐츠를 잇는 대세 포맷'이라 칭했다. 모바일 스크롤에 최적화되어 있으면서 빠르게 생산·유통되는 콘텐츠이기 때문이다. 연재 형식을 통해 독자들을 묶어두고, 모바일 페이를 통해 유료 과금을 하기에도 적합하다. 웹툰의 원조는 한국이라고 봐도 무방하기 때문에 또 다른 K-wave, 한류의 등장이라 볼 수 있다. 웹툰은 현재 미국과 일본에서 인기를 끌고 있지만, 태국과 인도네시아 시장의 성장세가 만만치 않다.

콘텐츠가 중요한 이유는 오늘날 그 자체가 주요한 산업이면서 IP를 활용해 다양한 비즈니스를 만들어낼 수 있기 때문이다. 원소스 멀티유즈one source multi use나 멀티소스 멀티유즈multi source multi use로 무한한 가능성과 확장성을 부여할 수 있다. 디즈니와 마블이 대표적인 IP 비즈니스 성공 사례다. 드라마 「이태원 클라쓰」, 영화 「승리호」의 원작은 바로 웹툰이다. 라인프렌즈와 카카오프렌즈의 캐릭터 상품은 동남아에서 인기 아이템이며, 스마트스터디의 '아기 상어'는 아이스크림으로 재탄생했다. 잘 만든 '슈퍼 IP' 하나가 회사를 글로벌 컴퍼니로 만들 수 있다. 새로운 트렌드로 떠오른 메타버스 역시 콘텐츠가 더 확장될 수 있는 새로운 장이 추가된 것이다. 콘텐츠의 중요성이 더 부각된 셈이다.

누가 콘텐츠를 가졌는가

모바일 게임이든 PC게임이든 게임은 가장 인기 있는 디지털 엔터테인먼트이자 콘텐츠다. 전 세계에서 게임 부문이 가장 빠르게 성장하고 있는 곳은 바로 동남아다. 게임을 가진 자가 콘텐츠 분야에서 위너가 될 수 있다. SEA는 가레나가 만든 기반 위에서 쇼피를 탄생시켰고, 슈퍼앱 SEA를 만들 수 있었다. VNG 역시 게임으로 유니콘이 되었고, 베트남 국민 메신저 잘로를 세상에 선보일 수 있었다. 동남아 젊은이들은 게임에 열광하고 게임을 위해서라면 기꺼이 지갑을 연다. 그만큼 SEA와 VNG는 다른 슈퍼앱들보다 수익성 측면에서 유리한 고지를 차지했다고 볼 수 있다.

고투그룹의 고젝도 콘텐츠 비즈니스 기회를 만들고자 노력했다. 시장 수요도 있고, 자신들의 플랫폼을 레버리지할 수 있는 서비스

이기 때문이다. 2019년 고젝은 고플레이라는 비디오 스트리밍 서비스를 론칭하고, 자체 콘텐츠를 제작하기 위해 고스튜디오를 설립했다. 비디오 스트리밍 서비스의 성패는 좋은 콘텐츠, 킬러 콘텐츠 확보에 달려 있다. 글로벌 강자 넷플릭스도 콘텐츠를 확보하기 위해 엄청난 투자를 해 자체 제작을 하고 있지만 쉽지 않은 상황이다. 그래서 고젝은 한국의 CJ ENM과 손잡고 주문형 비디오 구독 및 유료 시청 서비스 'tvN 무비'를 론칭했다.

그랩도 비디오 스트리밍 서비스에 도전했다. 동남아의 넷플릭스가 되겠다며 출범한 훅HOOQ과 파트너십을 맺으며 시장에 발을 내디뎠다. 그러나 훅 서비스는 2020년에 문을 닫고 말았다. 파트너십을 맺었던 디즈니가 동남아 시장에 본격적으로 진출했고, 넷플릭스의 시장 확대를 막을 수 없었기 때문이다. 훅의 몰락과 그랩의 후퇴는 고투그룹도 안전하지만은 않다는 신호가 될 수도 있다. 고플레이도 지속적으로 양질의 콘텐츠를 확보하려면 막대한 투자가 뒷받침되어야 하는데, 파트너십을 확대하는 것만으로는 역부족이다.

그런 점에서 슈퍼앱은 아니지만 인도네시아 이커머스 유니콘 부칼라팍의 선택은 영리해 보인다. 부칼라팍은 콘텐츠를 직접 제공하기보다는 관련 사업을 인수하는 전략을 택하고, 한국인 창업자 김성진 대표가 2013년에 설립한 온라인 게임 퍼블리싱 플랫폼 파이브잭Fivejack을 사들였다. 김성진 대표는 NHN게임즈 출신으로, 동남아 현지에서 일찍이 스타트업을 세웠고 현지화에 노력을 기울였다.

파이브잭은 본엔젤스, 500스타트업코리아, 케이런 벤처스, 대교인 베스트먼트 등으로부터 투자를 받았다.

파이브잭의 게임 마켓플레이스 '아이템쿠itemku'는 인도네시아 전역에서 100만 명 이상의 활성 이용자를 보유하고 있으며, 2018년에 비디오 게임 충전 서비스가 더해지면서 2020년 큰 폭의 성장을 기록했다. 김성진 대표와 부칼라팍의 COO 윌릭스 하림Willix Halim은 인도네시아의 디지털 엔터테인먼트와 디지털 생태계 발전이라는 목표를 위해 양사가 협력할 것이라고 밝혔다. 전략적 협력은 팀 시너지, 더 많은 인도네시아 유저 확보(부칼라팍 네트워크를 통한 아이템쿠 상품 소개), 신규 프로젝트 개발 등에서 이루어질 전망이다.

핫한 디지털 콘텐츠 웹툰을 가진 슈퍼앱은 라인이 유일하다. 라인은 2014년 태국, 2015년 인도네시아에서 서비스를 시작했다. 그 당시에는 이 지역에 자체적인 만화 생태계가 존재하지 않았고, 일본 망가를 좋아하는 마니아만 있을 뿐이었다. 그런데 라인웹툰이 만들어놓은 캔버스Kanvas를 통해 인기작들이 탄생하면서 이용자 수가 급속하게 증가했다. 이용자 수는 태국 300만 명, 인도네시아 700만 명에 이른다. 라인웹툰은 만화앱 중 매출 1위를 달리고 있으며, 그 뒤를 네이버가 투자한 태피툰Tappytoon이 쫓고 있다. 라인은 웹툰의 성공에 힘입어 웹소설 서비스를 론칭할 예정이다. 네이버의 인도네시아 엠텍 투자도 현지에 맞는 콘텐츠 생산, 다각적인 비즈니스 협업을 목표로 하는 전략의 일환이다.

카카오의 선전도 돋보인다. 카카오는 태국과 대만에서 웹툰 플랫폼 카카오웹툰을 출시했으며, 출시하자마자 두 나라에서 인기 다운로드 순위 1위를 차지했다. 동남아 웹툰시장을 놓고 라인과 카카오가 대결하는 구도를 형성하고 있다. 웹소설 서비스가 론칭되면 그 전선은 더 확대될 전망이다. 잘로는 한국 웹젠의 게임 '뮤MU', 이모티콘 플랫폼 플랫팜Platfam 등과 함께 콜라보 캐릭터 이모티콘을 출시하기도 했다. 베트남에서도 웹툰이 큰 인기를 끌고 있지만, 불법 복제와 유통이 문제가 되고 있다.

MZ세대를 잡아라

'MZ세대'는 요즘 한국에서 핫한 용어 중 하나다. 1980년대 초반부터 2000년대 초반에 출생한 밀레니얼M 세대와 1990년대 중반부터 2000년대 초반에 출생한 Z세대를 통칭하는 말이다(아세안 지역에서는 'Gen Z'가 더 자주 언급된다). 이들은 모바일 퍼스트 세대로 인터넷과 스마트폰, 소셜미디어에 익숙하다. M세대와 Z세대의 특징이 같지 않다는 비판도 있지만, 그 이전 세대와 차별화되는 지점이 있으며 트렌드를 주도하고 있기 때문에 한 번쯤 살펴볼 필요가 있다. 무엇보다 슈퍼앱들의 현재와 미래를 결정지을 이용자들도 결국 MZ세대다.

아세안 인구의 41%가 13~37세에 해당하는 만큼 아세안 시장은 매우 젊다. 평균 연령이 30세 전후로, 디지털 네이티브 세대다. 아세안 MZ세대와 글로벌 MZ세대는 유사한 특징을 가지고 있다. MZ세대는 국가와 상관없이 디지털로 연결되어 있고, 계속해서 소셜미디어를 업데이트하며, 가족 그리고 친구들과의 관계를 중시한다. 이전 세대보다 사회적 책임social responsibility에 대한 관심도 월등히 높다. 비주얼에 즉각적으로 반응하고, 텍스트보다는 동영상, 그것도 짧은 동영상의 전달력에 집중한다. 따라서 전통적인 이커머스보다 라이브커머스에 관심이 더 많다. 럭셔리 브랜드, 운동화나 스니커즈 레어템에 열광하는 모습도 다른 지역의 젊은이들과 다르지 않다. 그리고 한국의 동학개미 열풍처럼 동남아 젊은 세대들도 투자에 관심을 갖기 시작했다. 이들의 주요 투자대상은 주식과 비트코인 같은 가상화폐이며, 커뮤니티가 주요 정보 소스로 활용된다. 전 세계적으로 MZ세대의 주요 놀이터가 메타버스로 옮겨가고 있고, 동남아 MZ세대 역시 메타버스로 옮겨갈 것으로 보인다.

아세안 각국 MZ세대의 소득 수준과 문화적 배경이 달라 최우선순위 강조점이 다르다. 예를 들어 베트남의 MZ세대는 항상 '온라인 상태'에 놓여 있으며 가족, 친구와 매우 가깝게 연결되어 있고, 자신의 일상이나 일거수일투족을 수시로 업데이트하는 성향이 보다 강하다.

더 나은 삶을 추구하는 동남아의 MZ세대는 미래를 보다 긍정적

▶ MZ세대의 놀이터, 메타버스로 향한 명품 브랜드 구찌.

으로 바라본다. 온라인과 오프라인을 넘나들고, 현실과 메타버스 세계를 오가는 이들은 고객과 지속적으로 소통하는 브랜드나 사회적 가치를 공유하는 스토리를 생산하는 기업들에 호감을 갖는다. 아세안 슈퍼앱들이 고객과의 소통과 사회적 가치에 대해 끊임없이 언급하는 것도 이러한 변화에 대한 대응이라 할 수 있다.

PART 5

다가올 미래,
변화하는 미래

2020년 발생한 코로나19 팬데믹은 지역을 막론하고 테크 기업들에게 기회를 가져다주었다. 미국의 FAANG과 중국의 알리바바와 텐센트, 한국의 카카오, 네이버 모두 기업가치가 크게 상승했다. 아세안 슈퍼앱 5도 일부 서비스에는 부정적인 영향을 받았지만 또 한번 도약할 수 있는 계기를 마련했다. 신규 인터넷 소비자들이 대거 유입되었고, 기존 이용자들은 더 다양한 디지털 서비스를 더욱 자주 사용하게 되었기 때문이다. 수퍼앱 5 가운데 SEA와 라인만이 각각 미국과 일본에 상장되어 있으면서 기업가치 상승을 누렸다. 그러나 아직 기업공개를 하지 않은 그랩과 고투그룹, VNG는 이 열풍에서 온전히 수혜를 입지 못했다.

그렇지만 자본시장의 상황은 정해진 미래가 아니다. 영원히 잘나갈 것만 같았던 중국의 빅테크는 2021년 된서리를 맞았다. 중국 정부가 데이터를 보유한 빅테크를 호되게 길들이기에 나섰기 때문이다. 미국 주식시장은 2021년에도 사상 최고가를 기록하고 있지만, 금리 인상 가능성 뉴스가 나올 때마다 시장은 크게 출렁이고 있다. 글로벌 투자자들은 FAANG을 이을 새로운 스타, 동남아의 텐센트 혹은 카카오나 네이버를 항상 찾고 있지만 혜성처럼 등장했다가 주저앉은 기업들도 많다.

아세안 슈퍼앱 SEA와 라인의 주가 상승률은 어떤가. SEA는 단숨에 동남아 최대 기업가치를 가진 기업으로 등극했지만, 그에 비하면 라인의 성장률은 크게 눈에 띄지 않는다. 이런 차이는 어디서 생겨난 것일까? 디지털 테크 주식 붐이 꺼지기 전에 주식시장에 데뷔하려는 그랩과 고투그룹, VNG는 제2의 SEA가 될 수 있을까? 주식가격은 기업의 미래 현금흐름, 즉 성장 기회를 모두 반영한다고 했을 때 지금의 밸류에이션은 적정한가? 아세안 슈퍼앱 전쟁이 치열해지면 하나의 위너winner만 남게 될 것인가?

아세안 슈퍼앱 5는 계속 진화하고 있으며, 앞날은 '변화하는 미래'일 수밖에 없다. 이들의 미래와 기업가치, 투자 기회와 리스크에 관련된 무수한 질문들이 우리 앞에 놓여 있다. 파트 5는 이 질문들에 대한 답변의 실마리들을 정리해 담아두었다. 물론, 당연하게 최종 평가와 선택은 각자의 몫이다.

11 | IPO 전성시대

SEA가 처음 쏘아 올린 공이 다른 동남아 슈퍼앱들을 자극하고 있다. 그랩과 고투그룹, VNG는 모두 IPO를 추진 중이다. SEA의 주가는 2021년 8월 318달러를 돌파하며 신고가를 기록했다. 시가총액은 1690억 달러에 이른다. 쿠팡의 시가총액 562억 달러와 비교하면 거의 3배 가까이 차이가 난다. SEA는 아마존과 텐센트를 합쳐놓은 것과 같은 비즈니스 모델을 갖춘 플랫폼으로 그 가치가 높게 평가되고 있다. 그리고 실제로 기업의 시장점유율과 매출 증가도 가파르게 일어나 2020년 매출은 전년 대비 100% 이상 증가했다.

그랩은 미국 실리콘밸리 투자사인 알티미터캐피탈의 기업인수목적회사SPAC 알티미터그로스Altimeter Growth와 400억 달러 규모의 합병을 통한 나스닥 상장 계획을 공표했다. 2021년 12월까지 상장을 완료할 계획이다.

2021년 1분기까지의 활동을 보면 그랩의 조정 순매출이 5억 700만 달러로, 전년 동기 대비 39% 증가했다. 2020년 1분기는 코로나19 확산 영향으로 일정 부분 기저 효과가 있었지만, 동남아가 여전히 팬데믹으로 고통받고 있는 현실을 감안하면 고무적인 성장률이다. 특히 손실액이 2억 3300만 달러로, 전년 동기 대비 1억 1100만 달러가 줄어들었다. 2021년 거래액도 전년보다 약 35% 증가한 167억 달러(약 19조 6300억 원)에 이를 것으로 전망한다. 그랩은 딜리버리 부문에서의 강력한 성장 모멘텀이 매출 증가와 손실 감소에 큰 영향을 미쳤다고 밝혔다.

고투그룹도 2021년 하반기 인도네시아 증시 상장을 거쳐 미국으로 간다는 계획을 밝혔다. 이미 모건스탠리와 시티그룹을 상장 어드바이저로 두고 있으며, 스팩을 통한 상장이 유리하다는 조언을 받았으나 자국 내 증시로 먼저 가는 것으로 가닥을 잡았다. 고투그룹은 상장을 하기 전에 20억 달러의 펀딩을 유치할 예정이다. 토코페디아의 기업가치는 75억 달러, 고젝의 기업가치는 105억 달러로 추정되며, 두 기업의 합병 이후 상장 목표 밸류에이션은 350~400억 달러로 예상된다.

Z홀딩스의 주가 추이

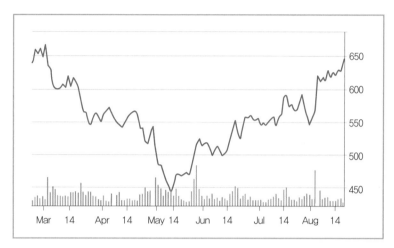

출처: 블룸버그

베트남의 VNG도 상장을 추진한다는 소식이 전해졌다. 블룸버그에 따르면 VNG는 스팩 합병을 통해 나스닥 상장을 추진하고 있다고 한다. 기업가치는 20~30억 달러로 평가되고 있다.

라인은 야후와의 합병으로 인해 2020년 연말에 상장폐지되었다가 통합된 Z홀딩스로 다시 주식시장에 등장했다. Z홀딩스의 주가는 통합이 완료된 2021년 3월 1일 33조 원이었으나 다음 날 53조 6000억 원으로 크게 올랐다. 통합 이후 주가는 상승세를 타고 있다. 라인의 일본 성과가 무엇보다 중요하겠지만, 대만과 동남아 시장에서의 성과도 Z홀딩스의 기업가치에 영향을 미칠 수밖에 없다.

밸류에이션은 적정한가

소프트뱅크는 쿠팡에 30억 달러를 투자했는데, 지분가치가 10배 넘게 뛰어올랐다. 그랩과 고투그룹의 기업가치는 400억 달러, VNG의 기업가치는 20~30억 달러로 추정된다. 어떤 기업의 밸류에이션이 적정한가는 정확히 알 수 없다. 그러나 이들 사업의 본질을 무엇으로 정의하고 누구를 벤치마크로 삼을 것이냐에 따라 다른 시각을 가질 수 있다.

카카오뱅크의 사례를 보자. 카카오뱅크는 상장 시점에서 공모가 기준 기업가치가 최대 18조 5000억 원으로 평가되었다. 공모가는 대개 기업가치보다 20% 할인된 가격임을 고려하면 단숨에 금융업

상장 첫날 시가총액 '리딩뱅크'가 된 카카오뱅크
(2021년 6월 기준)

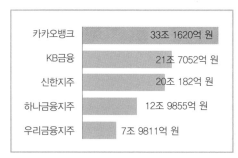

카카오뱅크	33조 1620억 원
KB금융	21조 7052억 원
신한지주	20조 182억 원
하나금융지주	12조 9855억 원
우리금융지주	7조 9811억 원

상한가 친 카카오뱅크

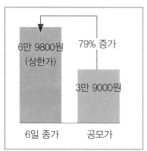

6만 9800원 (상한가) · 79% 증가 · 3만 9000원 · 6일 종가 · 공모가

출처: 각 사

계 1위가 되는 것이었다. 하지만 공모가에 국내 4대 금융 지주 대비 7~12배 높은 PBR^{Price Book Value Ratio}(주가순자산비율)을 적용했으므로 밸류에이션이 과도하다는 지적이 나왔다. 카카오뱅크를 기존 은행업으로 규정한다면 말도 안 되는 수치지만, 플랫폼 사업자로 본다면 적용 가능한 멀티플의 범주에 들어 있다. 카카오뱅크는 논란을 딛고 상장 직후 주식 가격 상승세를 이어갔다.

그랩과 고투그룹의 고객은 라이드헤일링을 하고 있어 미국의 우버, 중국의 디디와 비교되기도 한다. 우버는 2019년 상장 당시 824억 달러의 밸류에이션을 받으며 주당 45달러에 뉴욕 주식시장에 화려하게 등장했다. 2021년 8월 기준 우버의 시가총액은 770억 달러로 내려간 상태다. 팬데믹의 영향을 감안하더라도 우버의 성장성에 대한 의문이 계속해서 제기되고 있다. 우버의 기업가치에 대한 고평가나 저평가를 논하기 전에 '그랩과 고투그룹의 비교 대상으로 적절한가'를 생각해볼 필요가 있다. 우버는 우버이츠를 가지고 있지만 슈퍼앱의 사업 포트폴리오를 가지고 있지 않으며, 시장점유율에서 압도적인 지위를 차지하고 있지도 않다.

디디의 경우, 중국 내 시장점유율에서 리더의 자리를 굳건히 지키고 있다는 점에서는 견주어볼 수 있지만 역시 슈퍼앱들과 직접적으로 비교하기는 어렵다. 미국 상장으로 잭팟을 터트린 쿠팡도 이커머스를 가진 고투그룹의 밸류에이션에 참고할 만한 사례이나 고투그룹보다 사업 포트폴리오가 단순하다.

중국의 슈퍼앱이 비교 대상이 될 수 있을 텐데, 대표적인 슈퍼앱 텐센트는 지난 10년 동안 평균 PER^{Price Earning Ratio}(주가수익비율)이 40배였다. 물론 중국의 시장 성숙도와 동남아 시장의 성장 가능성 차이, 디지털 뱅킹 라이선스 취득에 따른 향후 사업의 확대 기회를 고려해야 할 것이다.

그랩의 최종 공모가는 아직 제시되지 않았다. 상장 관련 서류 보완을 이유로 2021년 연말까지 일정이 연기된 상태다. 그 사이 2021년 1분기 향상된 성과가 나왔다. 따라서 밸류에이션에 대한 조정과 공모가 변경이 예상된다. 최종적으로 어떤 가격이 제시될지는 두고봐야겠지만, 중국 슈퍼앱들의 멀티플을 참조하게 될 것으로 보인다.

텐센트의 주가 흐름(단위: 홍콩 달러)

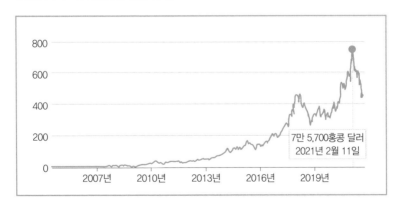

고투그룹의 밸류에이션은 좀 더 복잡하다. 이커머스와 디지털 뱅킹을 포함한 핀테크, 라이드헤일링 등 그랩보다 더 다양한 비즈니스를 운영하고 있는 데다 고젝과 토코페디아의 합병 시너지 효과도 고려해야 한다. 그러나 그랩보다 해외시장에서의 입지가 약하고, 시장 확대를 위해서는 대규모 투자가 이루어져야 한다는 약점이 있다.

슈퍼앱의 전형은 중국이지만, 그랩과 고투그룹, VNG의 밸류에이션에 적합한 상대로 카카오와 네이버를 떠올릴 수 있다. 카카오와 네이버는 그랩과 고젝보다 뒤늦은 면이 있다. 한국 시장의 치열한 경쟁 구도와 규제 문제가 있었고, 시작부터 하나의 플랫폼에 서비스를 얹는 구조가 아니었기 때문이다. 그러나 계속해서 신규 서비스를 론칭하고 인수합병을 통해 확장을 추진하면서 슈퍼앱의 포트폴리오를 구성했다. 각자 따로 놀던 앱을 카카오톡과 네이버앱에 연동시켜 슈퍼앱에 한발 더 가까워졌다. 한 가지 차이점은 한국은 각각의 서비스가 자회사로 존재하면서 모기업과 동시에 주식시장에 상장되어 있다는 점이다. 카카오도 상장되어 있는데, 2021년 카카오뱅크와 카카오게임즈가 IPO를 단행했고, 카카오엔터테인먼트와 카카오모빌리티, 카카오페이가 출격을 준비하고 있다. 잘나가는 자회사를 몽땅 주식시장에 내보내는 현상은 한국에서만 볼 수 있다.

카카오그룹의 IPO 계획(2021년 6월 27일 종가 기준)

회사명	상장	시가총액	상장 시기
카카오	코스피	69조 원	2017년 7월 10일
카카오게임즈	코스닥	4조 원	2020년 9월 10일
카카오뱅크	코스피	20조 원	2021년 8월
카카오페이	코스피	13조 원	2021년 8월
카카오엔터테인먼트	코스피	10조 원 예상	2022년 예상
두나무	나스닥	30조 원	2022년 예상
야나두	미정	5000억 원	2023년 예상
키즈노트	미정	1000억 원	2022년 예상
카카오모빌리티	미정	3조 원	미정
카카오커머스	미정	2조 원	미정

상장을 예고한 기업들

동남아에는 슈퍼앱 이외에도 상장을 계획하고 있거나 이미 상장을 한 디지털 기반 테크 기업이 많다. 2020년 팬데믹을 뚫고 전 세계 성장주들이 주가를 올리고, SEA가 나날이 사상 최고가를 기록하자 동남아 기업들이 앞다퉈 상장을 예고하고 있다.

인도네시아 기반 이커머스 유니콘 부칼라팍은 2021년 8월 6일 자카르타 거래소에 데뷔했다. 공모가 850루피아에서 1060루피아로 데뷔 첫날 상한가를 기록했다. 부칼라팍은 IPO를 통해 150억 달

▶ 2021년 8월 자카르타 거래소에 데뷔한 부칼라팍

러를 조달하며 인도네시아 최대 규모 IPO 기록을 세웠다. 부칼라팍의 성공적인 데뷔는 다른 기업들의 밸류에이션과 투자자들의 기대에도 영향을 미칠 것으로 보인다.

이외에 상장이 예정된 또 다른 유니콘으로 트래블로카Traveloka가 있다. 온라인 여행 상장 밸류에이션은 60억 달러로 예상되며, 2021년 연말까지 스팩 인수 방식 상장을 계획하고 있다. 온라인 여행 호텔 예약 플랫폼 티켓Tiket도 2만 5000달러 펀딩을 받았고, 상장을 통해 2억 달러 조달을 목표로 2021년 연말까지 스팩 상장을 계획하고 있다.

모빌리티 분야에는 라이드Ryde와 스왓 모빌리티Swat Mobility가 상장을 준비하고 있다. 라이드는 싱가포르 기반 카풀 스타트업으로, 목표 IPO 규모는 1억 4890억 달러이며, 싱가포르 주식시장 상장을 계획하고 있다. 스왓 모빌리티는 통근자를 위한 솔루션 제공 스타트업으로, 1750만 달러 펀딩을 받았고, 일본 주식시장 상장을 목표로 하고 있다.

싱가포르 기반 친환경 에너지(태양광) 스타트업 선십그룹[Sunseap Group]은 2억 4580만 달러 펀딩을 받았으며, 상장을 통해 4억 4540만 달러를 조달할 것으로 예상된다. 어느 주식시장으로 갈 것인지는 알려지지 않았지만 2021년 내 상장을 목표로 하고 있다.

인도네시아 기반 핀테크 업체 링크아자는 지금까지 1억 달러 펀딩을 받았고, 인도네시아 주식시장 상장을 계획하고 있다. 2021년 연말이나 2022년 초반을 IPO 시점으로 보고 있다. 또 다른 핀테크 업체 니움[Nium]은 8000만 달러 펀딩을 받았고, 2023년 6월 이내 미국 직상장을 계획하고 있다.

물류 스타트업으로 유니콘에 등극한 J&T익스프레스와 SCI 이커머스도 미국 주식시장 상장을 계획하고 있다. 자동차 마켓플레이스로 유니콘에 오른 카로[Caro]도 2023년 6월 이내 미국 직상장 계획을 밝혔다.

이외에도 여러 디지털 기반 스타트업들이 상장을 준비하고 있다. 과연 이들 가운데 누가 SEA와 같은 영광을 재현할 수 있을까?

제2의 SEA를 찾으려면

글로벌 투자자들이 눈에 불을 켜고 찾는 투자 대상은 제2의 SEA다. SEA의 높은 밸류에이션은 3가지 측면(지역화, 현지화와 개인화, 플랫폼 레버리지)에서의 성과와 기대감이 반영되어 있다.

첫 번째는 지역화regionalization를 통한 성장 기회다. 싱가포르에서 출발한 SEA는 동남아 전역으로 시장을 확대했고, 이를 통해 스케일업을 이루어왔다. 동남아 이커머스는 아직도 신규로 가입할 소비자들이 남아 있고, 이커머스에 진입한 고객들이 더 많은 제품을 더 자주 구매할 수 있는 성장 여력이 존재한다. 한국과 미국, 중국보다 이커머스 이용률이 낮기 때문이다. 한 국가에서만 서비스를 할 수밖에 없는 기업이라면 전혀 매력적이지 않다.

두 번째는 현지화localization와 개인화personalization다. 아무리 훌륭해 보이는 서비스라 하더라도 고객의 페인 포인트를 해결해주지 않으면 아무 소용이 없다. 또한 몰려든 고객들에게 꾸준히 맞춤 서비스를 제공해주지 못하면 언젠가 경쟁자에게 자리를 내주어야 하고, 그로 인해 성장 기회는 줄어들 수밖에 없다. SEA가 가레나에 이어 쇼피를 성공시킬 수 있었던 힘은 동남아 고객들이 원하는 방식으로 접근했고, 각국 고객의 니즈에 맞는 상품과 서비스, 즐거운 쇼핑과 소통의 경험을 제공한 데서 나왔다. SEA는 누적된 데이터를 기반으로 고객들의 취향과 신용 상태를 파악할 수 있다. 이러한 노하우는 남미로 진출할 때에도 유용하게 작용할 것이다. 고객이 원하는 것이 바로 해답이기 때문이다.

마지막 세 번째는 플랫폼 레버리지다. 슈퍼앱의 플랫폼을 이용하면 새로운 비즈니스 기회를 극대화할 수 있다. SEA는 가레나와 쇼피를 바탕으로 씨머니를 창출할 수 있었고, 디지털 은행과 딜리버리 서비스에도 진출할 수 있었다. 독자적인 스타트업이 뛰어들려면 엄청난 투자와 마케팅 비용을 쏟아부어야만 가능한 영역이다. SEA는 자체 생태계 내에서 기술적인 혁신과 솔루션을 개발할 자원을 보유하고 있으며, 수익성이 좋은 사업들을 얼마든지 외부에서 가져올 수 있다.

동남아 슈퍼앱 5는 이러한 조건을 어느 정도 만족시키고 있다. 라인과 VNG는 지역화에서 상대적으로 낮은 점수를 받고 있고, VNG는 슈퍼앱으로서의 입지가 아직은 취약하다. 그래서 밸류에이션에서 차이가 발생한다.

슈퍼앱이 아닌 스타트업들도 이와 같은 기회를 만들 수 있다면 제2의 SEA가 되지 말란 법이 없다. 소셜커머스, 물류 스타트업, 에듀테크, 헬스케어 스타트업에 투자자들이 앞다퉈 달려가는 이유는 위 조건에 부합하는 기업의 성장 가능성을 기대하고 있기 때문이다.

특히 2021년 중국 정부가 빅테크 기업에 강력한 제재를 가하면서 알리바바와 텐센트, 디디 등 내로라하는 기업들의 주가가 곤두박질치고 있다. IPO 대박의 꿈에 부푼 디디는 상장한 날부터 정부의 규제 대상에 올랐다. 주가는 계속 떨어지고 있으며, 투자자들은 소송까지 검토하고 나섰다. 소프트뱅크의 손정의 회장은 중국에 투자하지 않겠다고 일갈했다. 투자자들에게는 암울한 소식이 아닐 수 없지만, 동남아 테크 기업들이 중국 기업을 대신해 스포트라이트를 받을 가능성은 한층 더 높아졌다.

12 | 현명한 투자자

신흥시장과 아세안

2020년 팬데믹을 거치면서 글로벌 유동성이 증가했다. 자산가치는 급등하고 소비자 행태는 매우 빠르게 변화했다. 글로벌 경제는 새로운 투자처, 새로운 성장엔진을 찾는다. 투자자들은 저평가된 종목, 성장이 기대되는 산업에 주목한다. 선진국 경제가 둔화되거나 달러가 약세일 경우 이머징 마켓 투자가 증가하는 경향을 보인다.

이머징 마켓에는 터키, 러시아, 브라질, 남아프리카공화국, 인도 등 다양한 국가가 존재하며, 싱가포르를 제외한 아세안 주요 국가들도 여기에 포함된다. 아세안 시장이 다른 신흥시장과 차별화되는 지점은 인구 및 시장 규모, 정치적 안정성과 높은 경제성장률, 꾸준한 중산층의 증가다.

한국 언론에는 「세상에 이런 일이」에나 나올 법한 사건 사고, 미얀마 사태와 같은 국가적 위기에 대한 뉴스가 많이 소개되다 보니 동남아 투자의 위험성이 더 크게 부각되고 있지만 실상은 그렇지 않다. 태국에서 반군부 및 왕실 개혁 요구 시위가 발생했다고 해서 태국 경제의 펀더멘탈이 크게 손상되지는 않았으며, 인도네시아의 노조 활동이 사회 혼란과 경제 상황을 악화시킨 것도 아니다.

물론 선진국보다는 신흥국들의 정치 변동성이 크고, 국가 경제 위기 상황에서는 정치 지도자 리스크가 악재로 작용하는 경우가 많다. 이머징 마켓 투자에서 정치 리스크를 봐야 하는 이유다. 그러나 아세안을 한국과 비교하는 것은 타당하지 않고, 다른 신흥국과 비교한다면 아세안은 상대적으로 정치적 안정성이 높은 편이다.

아세안 경제가 중진국 함정에 빠져 있다는 지적에도 불구하고 아세안은 세계의 공장 중국을 대체할 가장 강력한 후보다. 외국인 투자가 늘고 있고, 혁신 성장의 동력이 힘차게 작동하고 있다는 점도 매우 고무적이다. 베트남이 대표적인 사례다. 베트남은 2020년 팬데믹을 뚫고 플러스 성장률을 기록했으며, 2021년 4개월 동안 미국 수출이 50% 급증했다. 하노이 주식시장과 호치민 주식시장 주가지수 모두 사상 최고가를 경신했다. 2020년 한 해 동안 각각

베트남 하노이지수, 호치민지수 vs. MSCI 이머징지수와 프론티어지수

출처: 블룸버그

165%, 55% 상승하면서 MSCI 이머징지수와 프론티어지수를 모두 크게 압도했다.

한국의 동남아 디지털 테크 투자 러시

제조업에 대한 외국인 직접 투자 외에 디지털 경제 분야에 대한 투자 증가는 혁신 성장의 에너지원이다. 구글과 테마섹, 베인앤컴

퍼니의 보고서에 따르면 동남아 스타트업에 대한 투자는 꾸준히 증가해 2018년에 정점을 찍었고, 전체 거래가치는 141억 달러에 달했다. 유니콘에 대한 펀딩이 61%를 차지하면서 투자 규모 증가를 이끌었다. 싱가포르 매체 딜스트리트아시아Deal Street Asia는 2020년 코로나19 팬데믹의 영향으로 동남아 스타트업 펀딩은 2019년에 비해 2% 줄어들어 86억 달러에 머물렀다고 보도했다. 데이터베이스 플랫폼 크런치베이스Crunchbase는 벤처캐피탈의 투자 금액은 2021년에 98억 달러로 다시 회복되고, 2023년에는 약 144억 달러에 도달할 것으로 내다봤다.

동남아 벤처캐피탈 펀딩 규모(단위: 달러)

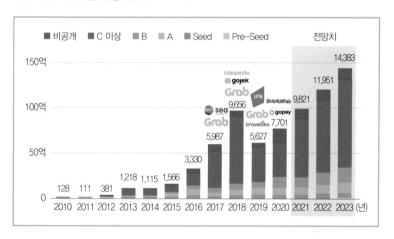

출처: 크런치베이스

스타트업에 대한 투자가 크게 늘어난 2017년부터 2020년까지 대규모 투자는 주로 슈퍼앱과 유니콘에 집중되었다. 한국 투자자들도 동남아 스타트업에 관심을 보인 지 오래되지는 않았지만 동남아 시장과 스타트업의 성장 가능성에 대한 투자, 포트폴리오 다각화라는 측면에서 최근 대단히 적극적인 행보를 이어가고 있다.

유니콘 펀딩 참여부터 살펴보면 미래에셋-네이버 아시아그로스펀드, 스틱인베스트먼트, SK, 현대자동차, KB인베스트먼트가 그랩에 투자했다. 2021년에는 신세계도 200억 원 투자했다는 소식이 전해졌다. 시리즈 A가 진행된 그랩 파이낸셜에는 한화자산운용이 펀딩에 참여했다.

고젝에는 삼성벤처투자가, 부칼라팍에는 신한 GIB와 미래에셋-네이버가 투자했다. 차세대 유니콘을 노리고 있는 중고거래 플랫폼 카루셀(Carousel)에는 미래에셋-네이버가, 베트남 이커머스 플랫폼 티키에는 스틱 벤처스가 투자했다. 미래에셋벤처투자는 카르고(Kargo)와 아이프라이스(iPrice), 해피프레시 등에도 투자했다.

전자상거래 관련 스타트업을 보면 인도네시아 전자상거래 솔류션 서비스 토코톡(Toko Talk)의 코드브릭(Codebrick)은 본엔젤스로부터, 베트남의 온포인트(Onpoint)는 키움인베스트먼트로부터 투자를 받았다. 또 다른 베트남 전자상거래 관련 스타트업인 온오프라인 관리 플랫폼 사포테크놀로지(Sapo Technology)와 베트남 근거리 배송 로지(앱 이름은 로쉽(Loship))는 스마일게이트인베스트먼트와 하나금융투자가, 베트남 음식 배달 서비스인 비엣남엠엠^{Vietnammm}은 배달의 민족이 인수했다.

한국의 동남아 스타트업 투자는 인도네시아와 베트남에 집중되

동남아에서 영역을 넓히고 있는 한국 플랫폼 기업들

중국

베트남
라인베트남(하노이·호치민)
네이버 공동 AI센터
배달의 민족(배달)

태국
라인BK(핀테크)
라인맨(배달)
카카오페이지(웹툰)

캄보디아

싱가포르
쿠팡(현지 인원 채용)
배달의 민족(딜리버리 히어로와 배달 사업 검토)

인도네시아
카카오페이지(웹툰)
라인웹툰(웹툰)
라인스플릿빌(핀테크)
네이버엠텍(콘텐츠)

말레이시아

KT
· 베트남판 '지니뮤직' 구축(2021년 4월)
· 베트남, B2B 클라우드 솔루션 구축(2021년 3월)
· 태국 IPTV 서비스 구축, 노하우 전수(2020년 11월)

LG유플러스
· 태국 5G 콘텐츠·플랫폼 수출(2021년 3월)

어 있는데, 시장 규모와 성장성, 확장성을 염두에 둔 선택으로 보인다. 투자 대상은 이미 성장궤도에 오른 스타트업은 물론, 얼리스테이지 스타트업까지 확대되고 있다. 이제는 한국 금융기관과 대기업, 벤처캐피탈, 빅테크 등 너 나 할 것 없이 동남아 시장 투자에 적극적이다. 오히려 묻지마 투자식의 과열이 걱정될 정도다.

카피캣을 넘어

동남아 시장 그리고 동남아 기업에 대한 편견은 여전히 가득하다. '카피캣 아닌 모델이 있는가'라는 질문이 끊임없이 제기된다. 이 책을 통해 슈퍼앱 5가 글로벌 기업과의 경쟁에서 살아남아 지속적으로 성장하고 있다는 사실을 확인했다. '기술력이 있는 기업이 있는가'에 대한 질문에 트랙스Trax와 아시아 고성장 기업들의 약진이 답이 될 수 있다.

2010년에 설립된 트랙스는 싱가포르 기반 리테일 분석 스타트업으로, 다양한 성공 사례를 기록하며 2019년에 유니콘 반열에 올라섰다. 3억 6000만 달러의 기존 투자금에 더해 2021년 시리즈 E에서 6억 4000만 달러를 투자받아 총 1억 2000만 달러의 누적 펀딩을 기록했다. 신규 펀딩은 소프트뱅크 비전펀드 2Softbank Vision Fund 2와 블랙록이 이끌었으며, 신규 투자자로 OMERS, IGV의 소니 혁신

펀드^{Sonny Innovation Fund} 등이 참여했다.

트랙스는 코카콜라, 유니레버, 네슬레, P&G, 하이네켄 등 글로벌 브랜드와 베스트 바이, 샘스 클럽 등 리테일 기업을 고객으로 보유하고 있다. 현재 브라질과 미국, 중국, 영국, 이스라엘, 멕시코, 일본, 헝가리, 프랑스, 러시아, 호주에 사무실이 있으며, 90개국 이상의 고객들에게 서비스를 제공하고 있다.

트랙스의 CEO 저스틴 베하^{Justin Behar}에 따르면 신규 펀딩은 리테일 워치 솔루션^{retail watch solution}의 글로벌 시장 개척과 기술 개발에 사용될 예정이라고 한다. 리테일 워치는 실시간 데이터를 수집하는 카메라와 로봇 등 하드웨어와 머신러닝 컴퓨터 비전을 결합한 솔루션으로, 2020년에 처음 선보였다. 예를 들어 재고가 너무 낮게 유지되면 경고를 보내고, 진열된 상품과 가격을 체크하는 시스템이다. 리테일 스토어는 트랙스의 AI 플랫폼과 이미지 인식 기술을 통해 데이터를 효율적으로 이용 및 분석할 수 있고, 재고 관리 및 운영 최적화에 도달할 수 있다. 현재 포장 제품에만 국한된 이 기술은 향후 신선 식품 등에도 적용될 것이며, 신규 시장 진출이 가속화될 전망이다.

2021년 한국의 마켓컬리가 《파이낸셜타임즈》가 선정한 '아시아-퍼시픽 고성장 기업'에 이름을 올려 화제를 모았다. 그런데 정작 사람들은 1위에 선정된 기업이 어디인지 잘 모른다. 많은 사람이 중국 기업을 떠올리겠지만 주인공은 바로 싱가포르의 카로다. 카로를 포함해 4개의 동남아 기업이 상위 10위에 이름을 올렸고, 총 500개 기업 중 122개가 동남아에서 나왔다. 국가별로 보면 싱가포르 기업이 72개, 말레이시아와 필리핀 기업이 각각 20개, 인도네시아 기업이 7개, 베트남 기업이 3개 포함되었다. 한국 투자자들과 스타트업이 관심을 갖고 있는 인도네시아와 베트남의 기업보다는 말레이시아와 필리핀의 기업 수가 더 많다는 점이 눈에 띈다.

다시 말하면, 슈퍼앱이나 유니콘은 아니지만 전년 대비 상상도 하기 힘들 정도의 성장을 보여준 동남아 기업들이 쏟아지고 있다. 상위 20위 안에 랭크된 동남아 기업들을 살펴보자.

1위에 이름을 올린 싱가포르 기반 자동차 마켓플레이스 카로의 연평균 성장률은 무려 4258.5%다. 2위를 차지한 기업은 2015년에 설립된 인도네시아 스타트업 키오손^{Kioson}으로, 2017년 10월 주식시장에 상장되었다. 3위는 싱가포르의 SCI 이커머스로, 동남아와 중국의 크로스 보더 이커머스 솔루션 기업이다. 9위는 싱가포르 기반 라스트마일 딜리버리 서비스 로드불 로지스틱스^{Roadbull Logistics}가, 14위는 특송 서비스 닌자밴 로지스틱스^{Ninja Van Logistics}가 차지했다. 두 기업 모두 물류 섹터 기업으로, 200% 이상의 성장률을 기록했다. 16위는 말레이시아의 중고차 거래 플랫폼 카썸^{Carsome}이 차지했고, 싱가포르의 무선통신 네트워크 서비스 블루 와이어리스^{Blue Wireless}와 호텔 관리 플랫폼 레드도어즈^{RedDoorz}가 각각 18위와 19위에 이름을 올렸다.

성장률이 높은 기업들은 대체로 싱가포르를 기반으로 1개 국가 이상의 동남아 지역에서 서비스를 제공하고 있다. 앞서 언급한 지역화를 구축한 사례다. 20위 밖에는 한국인들이 관심을 두고 있지 않는 말레이시아와 필리핀 기업이 39개나 올라와 있다. 이는 아세안 시장에 대한 관점을 보다 확대할 필요가 있다는 근거로 충분해 보인다.

열린 기회의 땅, 동남아

슈퍼앱의 원산지나 다름없는 중국에서 정부의 규제로 빅테크 기업들이 휘청이기 시작했다. 2021년 7월 중국 정부는 반독점과 부당 경쟁, 사교육 금지, 안보 위협 등을 이유로 인터넷 산업 전담 단속을 실행할 것이라고 발표했다. 중국 공산당 지도부는 25개 빅테크 기업을 한자리에 모아놓고 중국 기업의 해외 상장에 제동을 걸겠다고 으름장을 놓았다. 2020년 알리바바의 마윈이 정부에 비판적인 목소리를 냈다가 앤트그룹의 상장이 물거품된 사례가 있었지만 여러 기업을, 그것도 이미 상장한 기업과 상장을 계획하고 있는 기업에 대한 제재는 예상을 벗어난 것이었다. 차이나 리스크 혹은 공산당 리스크가 눈앞에 닥쳤다.

디디추싱은 미국 상장 직후 중국 정부에 신규 영업 중단 조치

중국이 쏟아내는 규제에 휘청이는 기업들

규제	반독점 부당 경쟁	노동자 수익 보장
해당 기업	알리바바, 텐센트 등	메이퇀, 어러머 등

규제	사교육 금지	데이터 안보
해당 기업	신둥팡, 탈에듀케이션 등	디디추싱, 원만만 등

규제	금융시장 보호	부동산시장 안정
해당 기업	앤트 파이낸셜 등	헝다그룹 등

등의 제재를 받고 자진 상장 폐지를 검토하고 있으며, 틱톡의 모회사 바이트댄스Bytedance 창업자는 법정 대표직에서 사퇴했다. 중국의 대표 주식들이 하락을 멈추지 못하고 있다. 나스닥에 상장된 중국 기업들을 추종하는 골든 드래곤 차이나 인덱스는 6개월 사이에 50%나 하락했고, 중국 기업들의 시가총액 7600억 달러가 증발했다는 분석도 나왔다. 중국 정부가 의도하는 것이 공정한 시장 경쟁 확립과 데이터 관리인지 아니면 기업 길들이기인지는 알 수 없지만 외부 투자자들 입장에서는 관리할 수 없는 리스크에 노출된 것임이 분명하다.

슈퍼앱의 또 다른 그라운드인 동남아는 어떨까? 동남아 각국도 독점에 대한 규제 방침이 있는데, 금융 부문은 보다 엄격하다. 우버가 그랩에 동남아 영업권을 넘겨준 뒤 그랩의 시장점유율이 지나

나스닥 골든 드래곤 차이나 인덱스(단위: 달러)

출처: 블룸버그

치게 높아지자 각국 정부는 조사에 착수했고, 벌금 부과, 드라이버 자격 조건 강화 등 각종 제재를 가했다. 그러나 기업 활동을 무조건 막거나 해외 자본을 인정하지 않겠다는 등의 압박은 없었다. 법의 테두리를 벗어난 제재를 가하는 것은 불가능한 데다, 글로벌 기업들과 투자자들의 신뢰를 얻어야 하고, 그랩에 의존해서 사는 수많은 사람의 생계도 감안해야 하기 때문이다.

동남아 정부는 자영업자, 소상공인, 중소기업을 위한 문을 열어주고자 핀테크 규제 샌드박스를 적극적으로 도입하고, P2P 사업 모델에 대해서도 한국보다 훨씬 적극적이다. 스타트업을 혁신 성장 드라이버로 육성하기 위해 외국인의 창업을 적극 지원하고, 비자

소프트뱅크의 국가별 투자 비중(2021년 7월 30일 기준)

미국 34%	아시아(중국 제외) 25%	중국 23%	유럽 13%	중남미 등 5%

발급부터 창업까지 원스톱 서비스를 도입했다. 분야별 규제가 아예 없는 것은 아니지만, 완전히 진입이 차단되는 경우는 거의 없다. 슈퍼앱 5가 동남아 지역화를 발 빠르게 이행할 수 있었던 것도 열린 생태계 덕분이다.

미국과 중국, 동남아 빅테크 투자의 큰손은 누가 뭐래도 소프트뱅크다. 소프트뱅크 비전펀드 내 중국 기업에 대한 투자 비중은 23%로, 단일 국가 기준으로는 미국(34%)에 이어 두 번째로 크다. 여러 슈퍼앱에 수조 원을 투자했던 손정의 회장은 2021년 2분기 실적 발표 자리에서 중국 당국의 기업 규제 불확실성이 해소될 때까지 중국 투자를 유보하겠다고 밝혔다.

중국 규제 리스크로 동남아 테크 기업들이 반사이익을 거둘 가능성이 매우 크다. 중국 빅테크들이 미끄러지는 동안 SEA의 주가는 큰 폭으로 상승했다. 새로운 스타 탄생을 기다리는 투자자들은 동남아와 한국, 인도의 스타트업에 주목하고 있다. 곧 주식시장 코드를 부여받게 될 그랩과 고투그룹의 데뷔가 기대감을 얻고 있다. 물

PART 5 · 다가올 미래, 변화하는 미래

론 글로벌 경제와 시장 환경은 언제든 변할 수 있다.

플랫폼, 확장성은 살아 있다

슈퍼앱 5가 다함께 맞붙는 부문도 있고, 각자 자신만의 해자를 가진 부문도 있다. SEA는 게임과 이커머스 부문에서, 라인은 메신저와 콘텐츠 부문에서, VNG는 메신저와 게임 부문에서 견고한 위치를 점유하고 있다. 또한 그랩은 딜리버리와 모빌리티 부문에서, 고투그룹은 인도네시아 핀테크와 커머스, 모빌리티 부문에서 우위를 점하고 있다. 단 고투그룹과 라인, VNG는 인도네시아와 태국, 베트남이라는 지역적 한계를 극복해야 한다.

금융과 커머스, 물류 부문에서는 슈퍼앱들의 경쟁이 더 치열하게 전개될 것으로 보인다. 슈퍼앱 5는 더 많은 펀딩과 상장을 통한 자금 조달로 시장을 확대하고 신규 서비스를 계속해서 추가할 것이다. 슈퍼앱들이 이미 너무 많은 서비스를 제공하고 있다고 해서 '더 이상 기회가 없을 것이다', '상호 출혈 경쟁으로 상처뿐인 영광만 남을 것이다'라고 판단하는 것은 섣부르다.

고젝은 2030년까지 모든 차량을 전기차와 전기오토바이로 전환하고, 고푸드에서 일회용 플라스틱 사용도 줄인다는 계획을 발표했다. ESG Environmental, Social and Governance가 중시되는 환경에서 솔선수범

해 '배출가스 제로'를 달성하겠다는 의지를 표명한 것이다. 고젝의 라이더는 200만 명이 넘는다. 기업의 사회적 책임을 다하겠다는 선언이기도 하지만, 인도네시아 전기차 산업 허브 계획에 발맞춰 새로운 사업 기회를 겨냥하고 있다고도 볼 수 있다. 현대자동차는 인도네시아 공장에서 전기차를 생산하고, LG에너지 솔루션은 차량용 배터리 공장을 지을 계획이다. 또한 토요타와 같은 일본 업체들도 하이브리드를 생산할 예정이다. 전기차와 전기오토바이로 전환하려면 충전소와 교체형 배터리 스테이션이 구축되어야 한다. 초기 구매 비용이 비싸기 때문에 고투 파이낸셜을 통한 차량 할부 금융이나 P2P 서비스를 제공할 수 있다. 또한 전기오토바이 라이더들과 고객들을 구독 서비스로 불러들일 수도 있다.

그랩은 금융 서비스 확장에 집중한다는 계획을 분명하게 밝혔다. 디지털 뱅킹 라이선스를 취득했으며, 머지않아 동남아 생태계를 뒤흔드는 메기 역할 이상을 수행할 것으로 기대된다.

그랩의 또 다른 방향성은 모빌리티와 딜리버리의 혁신이다. 소형 퍼스널 모빌리티부터 대중교통과의 연계, UAM^{Urban Air Mobility}(도심항공교통) 도입 등 이동의 세계에서 가장 앞선 생태계를 구축할 수 있는 주자는 바로 그랩이다. 아직은 아세안에서 그랩을 따라올 자가 보이지 않는다. 모빌리티 혁신 파트너가 필요한 업체라면 가장 먼저 그랩을 택하지 않을 이유가 없다.

그랩은 이미 싱가포르에서 자율주행차와 로봇 서빙을 시범 도입했다. 그랩이 내놓은 음식 배달 로봇은 쇼핑몰의 여러 식당에서 주문을 받고 음식을 픽업 지점까지 전달하는 미들 미터middle meter 러너 역할을 수행한다. 로봇을 도입해 배달 주문을 효율적으로 소화할 수 있는 페스터 풀필먼트faster fulfilment를 구축한다는 전략이다. 그랩은 7개 리서치센터를 운영하며 다양한 기술과 서비스 개발에 노력을 기울여왔다.

VNG는 콘텐츠와 클라우드 서비스에 집중할 것으로 보인다. 베트남 정부는 디지털 경제 드라이브를 강력하게 추진하고 있으며, 민간 부문에서도 클라우드 수요가 증가하고 있다. 현재 VNG 매출과 영업이익에서 클라우드 서비스가 차지하는 비중은 크지 않지만, 향후에는 빠르게 성장할 것으로 보인다. 아마존의 전체 영업이익 66%가 웹서비스AWS에서 나온다는 점을 고려하면 수익 증대가 기대된다.

슈퍼앱 자체의 수직적 혹은 수평적 사업 확장도 있지만, 자체 벤처 투자 혹은 슈퍼앱에 몸을 담았던 인재들이 창업자가 되면서 새로운 네트워크가 만들어지고 있기도 하다. 그랩은 자체 스타트업 투자 기능을 담당하는 그랩 벤처스, 고투그룹은 고 벤처스Go Ventures, SEA는 씨 캐피탈을 통해 스타트업에 투자하고 있다. 라인은 지주회사 차원에서 투자를 리딩하고 있어 더 적극적이다. 이들의 자세한 포트폴리오는 알려지지 않았다. 언젠가 한번은 내가 그랩의 사장 밍 마Ming Maa를 통해 그랩 벤처스에 인도네시아 스타트업을 소개

한 적이 있는데, 투자로 이어지지는 않았다. 그때 그랩 벤처스는 자신들이 기대하는 기술 기반 스타트업에만 투자한다는 원칙이 있다고 밝혔다.

소위 그랩과 고젝의 마피아라고 불리는 전 임직원들의 창업도

그랩의 마피아

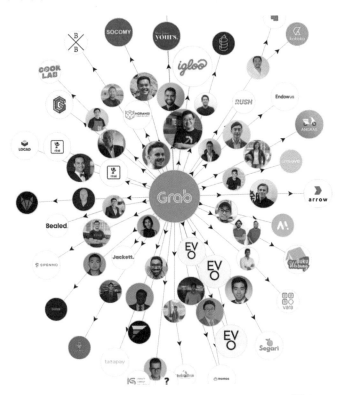

출처: Tech in Asia

고젝의 마피아

출처: Tech in Asia

활발하게 이루어지고 있다. 그랩 파이낸셜에 있었던 아모스 고Amos
Goh는 소셜커머스용 소프트웨어를 개발하는 에보 홀딩스Evo Holdings
를, 고젝의 부사장이었던 아흐메드 알유니에드Ahmed Alunied는 핀홈
Pinhome이라는 프롭테크Proptech(부동산에 첨단 기술을 접목시킨 부동산 서
비스 사업)를 창업했다. 이처럼 그랩 사단과 고젝 사단이 수십 개의

스타트업을 창업했는데, 일부는 이 두 회사의 벤처캐피탈로부터 투자를 받았다. 이들이 새롭게 개발하는 서비스와 기술은 향후 그랩과 고젝에 연결될 가능성이 충분히 있다.

데이터를 가진 공룡들

데이터는 '21세기 원유'라 표현할 정도로 그 중요성이 상당히 크다. 이 점을 부정하는 사람은 없을 것이다. 산업과 분야를 막론하고 많은 기업이 데이터 수집과 분석에 열과 성을 다하고 있다. 데이터를 가진 자, 빅데이터에 접근 가능한 자, 이를 제대로 분석하고 사용할 수 있는 자가 시장에서 승리할 수밖에 없다. 지금까지 없었던 새로운 서비스를 만들어내는 것만큼이나 이미 개발된 서비스의 이용자 데이터를 새로운 시각으로 분석하고 관계 서비스를 고도화하는 일이 고객들에게는 중요할 수 있다. 그런 점에서 데이터는 새로운 기술 개발 측면에서, 고객의 기대 충족 측면에서 중요한 자산이라 할 수 있다.

슈퍼앱들은 이미 동남아에서 이용자 기반 데이터를 많이 확보하고 있다. 고객의 로그 데이터와 상태·거래 데이터를 모두 취합해 그들의 요구를 분석하고, 맞춤 서비스를 추천해줄 수 있을 뿐만 아니라 타깃 고객과 시장 정보를 파악할 수도 있다. 여러 서비스가 하나의 플랫폼에서 제공되므로 통합된 시스템과 통합 솔루션에서 한 발 앞서 있으며, 여기서 취득되는 엄청난 양의 데이터는 유기적인 분석에 적합한 방식으로 운영된다. 슈퍼앱들은 금융 접근성이 높지 않은 동남아에서 금융 거래와 신용 평가에 필요한 데이터를 은행보다 더 많이 보유하고 있으며, 이러한 데이터를 분석하는 데도 은행보다 탁월한 역량과 경험을 가지고 있다. 개인화된 서비스, 맞춤 추천 알고리즘, 구독 서비스 기획까지 슈퍼앱들이 데이터를 활용해 할 수 있는 일이 대단히 많다.

슈퍼앱들은 데이터와 분석 및 적용 기술에서 한발 앞서 있다. 그리고 이들은 인적·재무적 투자를 할 수 있는 기반을 더욱 잘 갖추고 있다. 슈퍼앱 5도 미래에 대한 준비를 시작했고, 이들이 걸어갈 길을 카카오와 네이버가 보여주고 있다.

카카오와 네이버가 보여준 미래

한국의 카카오와 네이버는 동남아 슈퍼앱 5보다 훨씬 이른 시점에 시장에 등장했지만, 슈퍼앱으로의 전환은 빠르지 않았다. 그러나 지금은 슈퍼앱 5보다 더 앞서 걸어가고 있다. 한국의 인터넷 덕분이며, 한국 소비자들의 전환과 테크 기반 서비스 수용이 그만큼 빠르게 이루어졌기 때문이다. 메신저와 검색으로 출발한 카카오와 네이버가 걸어온 길은 그 자체로 슈퍼앱의 서비스 다양화 혹은 자체 생태계의 진화라고 볼 수 있다.

카카오와 네이버의 주요 사업을 보면 무려 8개의 공통 분야(핀테크, 커머스, 모빌리티, 웹툰과 웹소설의 콘텐츠, 음악, 동영상, 클라우드와 AI, 블록체인)를 갖고 있다. 네이버가 제페토ZEPETO를 통해 메타버스에서

카카오와 네이버의 주요 사업 비교

카카오		네이버
65조 7016억 원	시가총액 (6월 17일 종가)	63조 9806억 원
4조 4567억 원	연매출(2020년)	5조 3041억 원
4560억 원	영업이익(2020년)	1조 2153억 원
11%	영업이익률	22.9%
카카오톡	핵심 사업	네이버(포털)
주요 사업 비교		
카카오뱅크, 카카오페이	금융, 핀테크	네이버 파이낸셜, 네이버페이
카카오커머스	커머스	네이버쇼핑
카카오모빌리티	모빌리티	네이버랩스
카카오엔터테인먼트 픽코마	웹툰, 웹소설	네이버웹툰, 시리즈
멜론	음악	바이브
카카오TV	동영상	V라이브
카카오게임즈	게임	–
카카오엔터프라이즈	클라우드, AI	네이버클라우드, 클로바
–	메타버스	네이버제트(제페토)
그라운드X	블록체인	라인

2020년 카카오와 네이버의 세부 매출

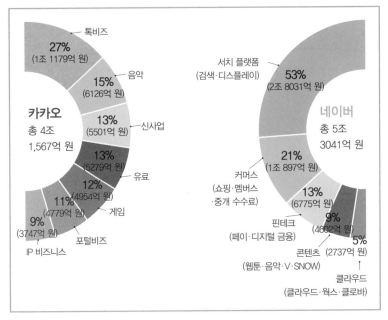

출처: 각 사

한발 앞서 가고 있다면, 카카오는 게임 부문을 갖고 있다는 점에서 차이가 있다. 하지만 카카오가 메타버스에 진입하지 않으리라는 보장은 없다.

두 기업의 미래 사업도 크게 다르지 않다. 구독 서비스, 인공지능, 디지털 헬스케어, AR, VR 등 신사업에 직접 투자하고 있고, 스타트업도 적극적으로 투자하고 있다.

카카오와 네이버의 주가 흐름

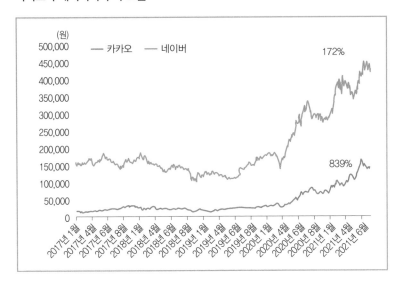

카카오와 네이버가 진출한 분야와 수익이 많이 발생하는 분야를 보면, 동남아 슈퍼앱들이 나아갈 방향을 가늠할 수 있다. 커머스를 갖지 못한 기업들은 쇼핑에, 콘텐츠를 갖지 못한 기업들은 외부에서 수혈을 해오더라도 이를 플랫폼에 연결시키려 할 것이다. 클라우드, 인공지능 혹은 메타버스는 지금 당장 서비스가 출시되지 않더라도 미래 사업 계획으로 발표하거나 관련 기업 투자 소식이 언제든 들려올 수 있다. 상장을 통해 신규 자금을 조달할 슈퍼앱들은 보다 적극적으로 인수합병에 나설 가능성이 크다.

한국의 슈퍼앱 카카오와 네이버의 주가는 펜데믹을 딛고 엄청나게 상승했다. 주가 수익률이라는 측면에서 보면 카카오가 압도적인 상승세를 보여줬다. 그러나 2021년 9월 정부의 규제 소식에 두 기업의 주가가 크게 흔들리고 있다. 플랫폼의 우월적 지위를 이용한 독과점 이슈가 제기되었고, 금융상품 비교 견적 서비스가 단순 광고 대행이 아니라 투자 중개 행위로 금융소비자보호법 위반에 해당한다는 지적이 나왔다. 카카오뱅크가 기존 은행에 비해 지나치게 규제를 덜 받는 바람에 오히려 역차별 논란도 불거졌다. 일반 소비자들도 이 대형 플랫폼 규제에 찬성하는 분위기다.

카카오와 네이버의 확장 전략이 혁신 성장으로 이어지기보다는 꽃배달처럼 플랫폼 지위를 활용한 손쉬운 중개 수수료 사업에 손을 뻗친 사례가 독이 된 것이다. 일시적으로 과도한 주가 하락이 발생했지만, 지나친 평가절하도 금물이다. 카카오 김범수 의장이 밝힌 것처럼 해외시장 확대와 신규 서비스 개발에 집중하면 언제든 투자자들의 선택을 받는 기업으로 돌아올 수 있다. 슈퍼앱의 위치에 올라가는 일도 대단히 어렵지만, 그 자리가 쉽게 무너지지 않기 때문이다.

카카오와 네이버에 적용된 규제가 아세안 슈퍼앱 5에도 일어날까? 발생할 수도 있겠지만, 한국과는 양상이 다를 것이다. 슈퍼앱 5는 한 국가에서 또는 한 영역에서 분명 독점적 자리를 차지하고 있지만 아세안 권역에서 보면 카카오나 네이버처럼 경쟁자가 거의 없는 시장이 아니기 때문이다. 문제가 된 부분은 그랩이 라이드헤일링 시장에서 가진 압도적인 시장점유율뿐이다. 이미 독점 사업자로 조사를 받았고, 벌금을 부과받았다. 그러나 이후 독점 이슈는 제기되지 않고 있는데, 다른 사업자들이 계속 시장에 진입하고 있고 그랩도 섣불리 요금과 수수료 인상으로 눈총을 받으려 하지 않고 있다. 메신저 시장의 경우 메신저 자체가 유료 서비스가 아니기 때문에 라인과 잘로가 이 자체만으로 독점사업자로 문제가 될 수는 없고, 아직 우월적 지위를 이용한 사례보다는 오히려 팬데믹 상황에서 정부에 적극 협조하면서 방역에 대처한 공이 크다.

슈퍼앱 5는 골목상권 침해보다는 디지털 생태계 혹은 금융 서비스에서 배제되어 있던 소상공인이나 자영업자, 저소득층을 온라인 사업으로 이끌고 일자리를 창출했다는 긍정적인 평가가 우세하다. 부업으로 그랩 드라이버를 시작했던 부정규직 노동자가 전업 드라이버로 변신한 경우도 많고, 팬데믹으로 수입이 줄어든 사람들이 고푸드 배달로 생계를 유지했다. 가계에 조금이라도 보탬이 되려는 엄마들이 고마사지를 이용해 수입을 올렸고, 태국의 젊은이들은 스티커를 만들고 새 일자리가 필요한 이들은 라인맨에 등록했다. 홍보가 어려웠던 식당 주인들은 그랩푸드나 고푸드에 메뉴를 올리는 데 도움을 받았고, 쇼피는 이커머스가 어려운 이들을 친절하게 이끌었다. 각종 전자결제 덕분에 현금을 이고 지고 다니는 부담도 덜었다.

한국과 다른 경제환경에서 슈퍼앱 5를 바라보는 인식의 차이가 만들어져 있다. 그렇다고 해서 이들이 만드는 플랫폼에서 카카오나 네이버가 했듯이 자사 서비스나 상품을 더 많이 추천한다거나 화면 상단에 배치해 노출이 잘되게 한다거나, 유리한 수수료 책정으로 기울어진 운동장을 조성하는 등의 이슈가 제기되지 않으리라는 보장은 전혀 없다. 만일 그런 위법 사례가 발생한다면 소비자들은 무섭도록 빠르게 다른 슈퍼앱으로 이동하게 될 것이다. 선택할 대체제가 얼마든지 있기 때문이다.

중국 정부가 슈퍼앱에 가하는 과도한 규제는 일어나기 어렵다. 아세안 10개국이 다 같이 대동단결하여 슈퍼앱 규제를 천명하지 않는 이상 불가능하고, 일부 공산당이 집권하는 국가에서조차 투자자들이 빠져나갈지도 모르는 시장 간섭은 경계하는 성향이 있다. 플랫폼을 억압하기보다는 자국 스타트업이나 테크 기업을 적극 지원하는 정책에 힘이 실려 있다.

슈퍼앱 5는 어디까지 진격하게 될까? 과연 시장에서 계속 긍정적인 평가를 받게 될까? 명확한 답을 내릴 수는 없지만 주식시장에서 마주치는 카카오와는 다른 모습을 띠게 될 것이다. 밸류에이션이나 지배구조 측면에서 보면 카카오 패밀리 내에서 지나치게 많은 자회사가 상장되고 있다. 구글이 수많은 자회사를 두고 있고 계속 인수합병을 추진했지만, 주식시장에서 볼 수 있는 이름은 알파벳 하나다. 페이스북이 왓츠앱이나 인스타그램을 별도로 상장하지 않았다. SEA 역시 수익을 내는 알짜 가레나를 분리 상장시키지 않았다. 업종이 확연히 다른 라이선스 비즈니스인 금융 섹터만 예외 대상이다. 그랩이나 고투그룹, 라인 등 금융 부문 분리 가능성을 염두에 두고 구조를 만들었다. 그랩페이는 그랩파이낸셜그룹으로, 고페이 역시 별도의 유니콘으로 평가받고 있고, 라인은 파트너사와 라인뱅크를 설립했다. 2021년과 2022년 기업공개를 한 이후에도 자회사가 줄줄이 상장하는 기이한 광경을 보기는 어려울 것이다.

슈퍼앱 5 모두가 10년 후, 20년 후에 더 위대한 대표 테크 기업으로 성장해 있을지 아무도 장담할 수 없다. 그러나 최소한 지난 10년간 아세안 디지털 세상의 변화를 이끈 중요한 기업이었고, 당분간 혁신 성장을 위한 노력을 멈추지 않을 것이라는 확신은 가질 수 있다. 아세안 시장은 계속 팽창하고 있고, 경쟁자들의 압박에 혁신을 멈출 수도 없는 데다 창업자들도, 이들과 함께하는 팀들과 이용자들도 여전히 젊기 때문이다.

아시아 시대,
기회를 잡아라

중국과 일본은 한국인들에게 익숙한 반면, 아시아의 한 축을 담당하는 아세안 혹은 동남아는 가까이에 자리한 경제 파트너임에도 자세히 알고 있는 사람이 많지 않다. 더 정확히 말하면 편견 가득한 시선으로 이미지가 많이 왜곡되어 있다.

우리의 시선과 오해와는 상관없이 아세안 혹은 동남아에 모바일 퍼스트 디지털 전환 시대가 도래했다. 이 전환의 시기에 혁신적인 기업들이 등장했고, 문제점을 해결하는 솔루션을 제공하며 소비자들의 기대를 만족시키는 플랫폼들이 탄생했다. 그리고 다양한 서비스와 데이터를 장착한 슈퍼앱으로 성장했다.

슈퍼앱 5는 아세안인들의 일상생활을 함께하는 플랫폼이고, 디지털 경제를 이끄는 드라이버다. 그들은 독점적인 우위를 갖는 영역을 갖고 있으면서 여러 분야에서 서로 경쟁하고 있다. 소비자들은 슈퍼앱에 지배당하는 것이 아니라 더 나은 서비스를, 더 괜찮은 기업을 선택할 수 있다.

『아세안 슈퍼앱 전쟁』은 슈퍼앱의 탄생과 성장 그리고 앞으로 펼쳐질 경쟁과 미래 사업에 대해 자세히 다룬 책이다. 그러나 어느 슈퍼앱이 더 나은가를 판단하는 것은 독자들의 몫이다. 중국의 빅테크들이 주춤거리고 있는 이때, 동남아의 변화 흐름에 한발 더 다가설 수 있기를 바란다.

소중한 시간을 들여 이 책을 읽어주신 모든 분들께 진심으로 감사의 마음을 전한다.

아세안 슈퍼앱 전쟁

초판 1쇄 인쇄 2021년 9월 27일
초판 1쇄 발행 2021년 10월 6일

지은이 고영경
펴낸이 김동환, 김선준

편집팀장 한보라 **편집팀** 최한솔 최구영 오시정
마케팅 권두리 권희 **디자인** 김혜림
외주 교정교열 김동화 **본문 디자인** 강수진

펴낸곳 페이지2북스 **출판등록** 2019년 4월 25일 제 2019-000129호
주소 서울시 영등포구 여의대로 108 파크원타워1. 28층
전화 070) 7730-5880 **팩스** 070) 4170-4865
이메일 page2books@naver.com
종이 (주)월드페이퍼 **인쇄·제본** 한영문화사

ISBN 979-11-90977-39-5 (03320)